O QUE EU GOSTARIA DE SABER ANTES DE TER PERDIDO MINHA MÃE

TY ALEXANDER

O QUE EU GOSTARIA DE SABER ANTES DE TER PERDIDO MINHA MÃE

TRADUÇÃO
UBK Publishing House

ubook · UBK Publishing House

Publicado mediante acordo com Mango Media Inc. Edição original do livro, *Things I Wish I Knew Before My Mom Died*, publicada por Mango Media Inc.

ubook UBK
Publishing House

COPIDESQUE Verônica Bareicha
REVISÃO Mariá Moritz Tomazoni | Juliana Bianco
CAPA E PROJETO GRÁFICO Bruno Santos
IMAGEM DA CAPA Freepik.com

Dados Internacionais de Catalogação na Publicação (CIP)
(Câmara Brasileira do Livro, SP, Brasil)

Alexander, Ty
O que eu gostaria de saber antes de ter perdido minha mãe / Ty Alexander ; tradução UBK Publishing House. -- Rio de Janeiro : Ubook Editora, 2020.

Título original: Things I wish I knew before my mother died
ISBN 978-65-86032-14-7

1. Autoajuda 2. Luto - Aspectos psicológicos 3. Luto - Aspectos sociais 4. Morte - Aspectos psicológicos I. Título.

20-34524 CDD-155.937

Ubook Editora S.A
Av. das Américas, 500, Bloco 12, Salas 303/304,
Barra da Tijuca, Rio de Janeiro/RJ.
Cep.: 22.640-100
Tel.: (21) 3570-8150

SUMÁRIO

Este livro é dedicado a todas as filhas cujas mães foram roubadas pelo Céu. Somos agora parte de uma tribo sem mãe, e sempre lutarei pela nossa sanidade por meio das minhas palavras e ações.

Agradecimentos

Terminar meu primeiro livro foi nada menos do que um processo colaborativo. Agradeço a Deus por me cercar de apoiadoras destemidas, orações dedicadas e audaciosos defensores da cura. Verdadeiramente, não há palavras suficientes para expressar o quanto agradeço por me ajudarem a alcançar o meu maior objetivo de vida. Por isso, quero agradecer a vocês.

Obrigado à minha mãe por me mostrar um amor tão grande que nunca será igualado. O seu espírito, o seu sorriso e as suas palavras serão sempre a essência de quem sou. A sua sabedoria e o seu amor nunca serão esquecidos.

Agradeço à minha família, especialmente à minha tia preferida, Katy, e à minha prima Carla. Vocês me mostraram como amar novamente em uma época em que não percebi que tinha me esquecido de como fazê-lo.

Ao amor da minha vida — Mike, você tem sido o meu maior incentivador e tem me amado mesmo nos meus piores momentos. Eu ainda estou admirada com a evolução do nosso amor. Espero que você saiba que o amarei além do meu tempo neste mundo. Um brinde aos próximos vinte anos!

Para o meu filho, Khari, você é a minha maior realização. Você é brilhante, inteligente e lindo. O mundo está à espera da sua grandeza.

Para a minha PLP (*Platonic Life Partner*), também conhecida como minha melhor amiga, há infinitos abraços e beijos imaginários para você sempre que precisar deles. Anitra, a sua dedicação ao seu crescimento e ao crescimento dos outros me motiva a ser melhor.

Obrigada à minha nova família na Mango Publishing. Agora posso me chamar de autora graças a vocês. Obrigada por todas as chamadas de hora em hora pelo Skype, pelos e-mails de acompanhamento, que ignorei, e pelas conversas de incentivo quando pensei que nunca terminaria este livro.

Obrigada a todas as minhas almas gêmeas digitais: Christen Rochon, Kela Walker, Danielle Young, Shamika Sanders, Danielle Gray, Christina Brown, Jessica Andrews, Tia Williams, Diana Ramsey, Shaina Harrison, Chante Burkett, Lisa Brown-Hall, Brandi Proctor, Keiona Siler, Sheri Booker, Marie Denee, Maui Bigelow... o contínuo elogio e encorajamento de vocês é mágico.

Por último, mas não menos importante, a alguém que eu não mencionei: por favor, perdoe-me e saiba que estou grata por ter estado comigo ao longo dos anos.

PREFÁCIO

Ty está na minha rede profissional há cerca de seis anos. Eu sempre gostei muito dela e a respeitei — e como este é um espaço seguro, vou admitir a minha paixão (seu cabelo!). Mas também devo admitir que, no passado, eu não fui uma grande leitora de autoajuda. Sinto que ninguém tem todas as respostas. Exceto Michelle Obama. Além disso, eu tento manter as coisas simples. A vida é aterradora, aleatória e confusa, certo? Tudo o que você pode fazer é absorver as pancadas com graça e abraçar as bênçãos com gratidão. Fora isso, ter melhores amigas daquelas que morreriam por você e um viciozinho (que não faz mal a ninguém). Para mim, donuts no jantar, uma vez por semana, me mantém sã. Eu equilibro isso com palitinhos de cenoura para me sentir uma adulta responsável.

Mas o livro da Ty não é apenas autoajuda. É uma mistura: um livro de memórias, detalhando a sua experiência pessoal com a perda de sua amada mãe, e um guia inspirador sobre como combater a perda. Ela não quer dizer como você deve passar pelo luto. Ela está apenas oferecendo a sua verdade — e se um pedaço dela fizer sentido para você, ou lhe der uma nova perspectiva, ela te convida a se agarrar a esse pedaço e sair correndo. Lembro-me quando ela estava passando por tudo isso. Ela falava sobre a morte da mãe nas redes sociais, e recordo que eu ficava de queixo caído com sua coragem. Essa mulher não passou a perna no luto. Ela passou por ele. E sua perda foi tão intensa, complicada, arrebatadora e carregada de emoção quanto a relação com sua mãe foi em vida. O que faz muito sentido, pois todas as relações mãe/filha são complexas — sendo assim, é claro que essa energia continuaria, mesmo após a perda. Há um conforto em saber disso, de alguma forma.

Ty fala do amor implacável e descarado das mães. Como as mães fazem o que for preciso para que seus bebês sejam felizes. Prova A: escrevo isto às duas horas da manhã, em uma cama de hotel ao lado da minha filha de sete anos, que está dormindo atravessada na cama (como sempre), com os pés enfiados no lado direito do meu pescoço. Quase não me mexo para não a acordar, porque a insônia dela é tão ruim quanto a minha, e quero que ela tenha uma noite de sono completa. Sendo assim, vou ter de massagear meu pescoço dolorido pela manhã, mas quem se importa? Lina vai acordar bem descansada, feliz e alegre, sem saber que abusou fisicamente de sua mãe durante oito horas.

Quando se trata das nossas mães, estamos todos inconscientes. Nunca saberemos os sacrifícios banais e diários que elas fizeram para podermos florescer. Os segredos de uma mãe são profundos como o oceano. Mas sabemos que elas são a nossa entrada no mundo, a razão de estarmos aqui — então quando elas se vão, quem somos nós? Toda a minha autoimagem como mulher foi cultivada como uma reação à da minha mãe. Quando ela se for, como me identificarei? Não consigo imaginar a resposta. Não vivi essa perda, e não há nada que me possa preparar para isso. Só posso esperar que eu possa passar por esse momento com tanta dignidade e honestidade quanto Ty.

Obrigada por se abrir e partilhar a sua história conosco.

Tia Williams, autora de *The Perfect Find*

Introdução

Nos últimos oito meses, tenho olhado para o meu notebook enquanto digito as letras no meu teclado, tentando completar algum tipo de frase (leia-se: tenho fingido escrever este livro). Desde o momento em que fui abordada para escrevê-lo, consegui me convencer de todas as razões pelas quais eu deveria fazê-lo. Escrever um livro é realmente o passo mais lógico para mim, uma vez que me considero uma blogueira bastante realizada (ok, elogio não tão humilde assim). Faço isso há seis anos. Consegui cultivar o meu pequeno espaço na internet, com renda suficiente para pagar a caixa superfaturada que meu namorado e eu alugamos para morar em Nova York. Tenho até alguns colaboradores para o meu blog, para que eu possa aproveitar viagens de última hora sempre que quiser. A minha amiga, diretora criativa, diz a qualquer um que sou uma das melhores redatoras com quem ela trabalhou e, mesmo assim, sinto-me uma fraude. Eu desenvolvi um caso sério de síndrome do impostor. Minha rotina diária de escrita envolvia digitar alguns parágrafos e depois apagar tudo. Fazia isso durante cerca de quatro ou cinco horas. Depois acordava no dia seguinte e começava esse processo novamente. Não parava de me perguntar: "Por que estou escrevendo este livro?". E tenho certeza de que alguns de vocês vão perguntar: o que faz dela uma especialista?

Eu sou uma especialista?

Bem, aqui está a minha história: a minha mãe foi diagnosticada com linfoma em fase quatro, e morreu no mesmo ano. De repente, me vi pegando o trem da depressão. E juro a você que essa viagem foi um passeio épico envolto em uma espécie de produto químico venenoso, que provavelmente se assemelhava a arsênico. Em algum lugar ao longo dessa viagem, adquiri um peso extra igual ao de um bebê panda — exceto que eu não era tão fofa assim. Eu não dormia. Era amiga íntima das três da manhã. Eu não passava um dia sequer sem esperar por ela. Assim, eu ficava presa à minha cama, pelo menos até as duas da tarde. Quando você está de luto, ninguém lhe diz que não há uma estrada mágica de tijolos amarelos pela qual você possa seguir para voltar à sua vida normal. Ninguém avisa que a sua vida normal se foi.

Porque o que era normal para mim tinha desaparecido, a depressão tomou conta.

Para mim, a depressão parecia uma experiência trivial, um defeito da natureza humana. Estar deprimida nunca fez qualquer sentido para mim. Você sente tudo, mas ainda assim não sente nada. Eu não percebia o porquê de não conseguir simplesmente ignorar ou ultrapassar todos aqueles sentimentos contraditórios. Isso é, até ser acometida pela depressão. A depressão parece com ser aprisionada em um navio enorme, sozinha. E esse navio está estacionado no meio do oceano há meses, talvez anos. E esse oceano está cheio de autocomiseração, ansiedade, miséria, medo e uma pitada de dúvida sobre si mesma, para um efeito adicional. Tudo sobre depressão é inconveniente para você e para mim. É assim que se sente a depressão.

Desde o momento em que a minha mãe percebeu que preferia morrer a lutar contra o câncer, decidi documentar todas as emoções que tinha porque... sou escritora. É o que fazemos. Além disso, a minha mãe e eu éramos tão próximas... Eu era a Blue Ivy dela; ela era a minha Beyoncé.

Eu não sabia o que mais podia fazer senão escrever. Não sabia que estava secretamente plantando as sementes que precisava para este livro. Agora tenho notas rabiscadas por todos os lados e em tudo. Milhões de rascunhos estão guardados no meu Evernote. Os post-its estão estrategicamente colocados em toda a minha mesa, na geladeira e no espelho do meu banheiro. Há pedaços das minhas experiências em diferentes cadernos por todo o meu quarto (porque o mesmo caderno nunca esteve disponível quando os meus pensamentos chegaram). Tenho pensamentos deixados até em guardanapos meio sujos enfiados nesses cadernos aleatórios. Desculpe-me enquanto entendo meus pensamentos neste livro.

Mas apesar de tudo o que eu passei, apesar daquele navio no meio do oceano em que eu estava relaxando, está ficando claro para mim que a morte da minha mãe não foi totalmente prejudicial à minha existência. Em algum momento, deixei de ficar brava com o câncer, com meus parentes disfuncionais e comigo mesma e percebi que sua morte havia se tornado uma série de lições e presentes que melhoram a vida. A vida tinha me servido o maior cupcake agridoce que podia encontrar.

Assim, este livro representa as páginas de revelações de vida que eu nunca saberia que existiam se não tivesse perdido a minha mãe. E isso é uma merda. É uma merda ter de sacrificar tanto para aprender essas lições. É uma merda que tenha demorado tanto tempo para chegar aqui. E para ser perfeitamente honesta, nem sei bem onde é *aqui*. Só sei que *aqui* é melhor do que aquele navio que estava estacionado no meio do oceano pelo que pareceram meses, que estava cheio de autopiedade, ansiedade e medo. Então, para responder à minha própria pergunta — e talvez à sua — foi por isso que decidi escrever este livro. Não pretendo ser a *expert* em luto, mas sou uma perita no meu próprio luto. Espero que você consiga aprender algo sobre o seu, lendo sobre o meu.

Mesmo não conhecendo você pessoalmente, não quero que se sinta culpado por deixar o lugar em que cresceu para perseguir os seus sonhos, enquanto os seus pais definharam com câncer. Ah... espere, desculpe, essa culpa é minha, não sua.

A questão é que, depois de ler o meu livro, só quero que sinta a gratidão que sinto agora. Espero que o meu livro o ensine a ser um pouco mais paciente com a sua dor. Espero que minhas palavras, minha verdade, lhe concedam essa semente de fé que você precisa para sobreviver ao seu próprio processo de luto. E porque sei que a dor pode ter sequestrado o seu coração e a sua alma, espero que permita que o meu livro o ensine a amar novamente. Espero que meu livro o inspire a viver novamente. E o mais importante, quero que o meu livro dê a você a permissão que precisa para amar e se perdoar por tudo o que fez ou não fez.

Porque o Céu roubou as nossas mães, você e eu, nós fazemos parte dessa tribo sem mãe. Por isso, quero que se mantenha firme na sua verdade e que viva muito além dos seus medos. É isso que eu estou fazendo.

1

Fomos enganados: todos morrem!

POR QUE VOCÊ DEVE AMAR DESAVERGONHADAMENTE

Quando eu era pequena, meus pais me acolheram e concederam a mim e ao meu irmão todos os nossos desejos. Todos mesmo! Essa é a principal razão pela qual meu irmão e eu não nos conhecemos realmente (além da nossa diferença de idade de seis anos). Nunca fomos forçados a brincar juntos. Eu tinha as minhas coisas, e ele tinha as dele. Céus, tenho saudades desses dias. Eu ainda invejo o armário que tinha quando era criança. A minha mãe nos mimou pra caramba, e eu era a sua preciosa filhinha. Tinha um suprimento infinito de Barbies e bonecas. Tinha todas as engenhocas eletrônicas que possa lembrar: videocassete. Boombox. Toca-discos. TV. Tive todas elas assim que foram lançadas. Quando eu não estava em "Jamming on the one" (lembra daquele episódio de *The Cosby Show*?); estava fingindo ser Whitney Houston; ou estava ensinando a Barbie e suas amigas a organizarem a melhor festa, sempre em sua casa dos sonhos de três andares com o Corvette estacionado na frente. O meu terapeuta analisou mais tarde os primeiros anos da minha vida. Nós determinamos que a causa provavelmente foi a culpa que meus pais sentiam por meu pai estar ausente, reimaginada como amor (mas isso já é outro livro).

Quando eu estava no ensino médio, já éramos a definição de crianças mimadas da classe média. Agradecidas, mas mimadas.

Tinha tentado sapateado, balé, aulas de piano, de saxofone... é só dizer, eu tentei. Infelizmente, porque desisti muitas vezes, eu era medíocre, na melhor das hipóteses, em todos eles. Mas a minha mãe me deixou tentar tudo o que eu quis. Todo e qualquer sonho, sem questionamentos, na maioria das vezes. Quando tive a brilhante ideia de que deveríamos ter um animal de estimação, arranjamos um. Os meus pais adotaram um periquito, pensando que seria mais fácil do que ter um cachorro. Ah! Espere. Na verdade, não me lembro se essa ideia foi minha ou da minha mãe. Mas, na minha mente, eu tinha todos esses planos de amar o meu novo animal de estimação e de ensinar o meu pássaro a falar comigo. Seríamos os melhores companheiros da vida.

Eu assistia a reprise de *Os Flintstones* todos os dias depois da escola. Então, quando a minha mãe perguntou o nome do pássaro, sabia que queria que fosse “Pedrita”. Pedrita era uma coisinha minúscula, mas linda. Era de cor amarelo canário brilhante e azul-marinho e tinha asas macias de seda. Eu adorava aquele passarinho. Pedrita era a primeira coisa que víamos quando entrávamos em nossa casa. Eu voltava da escola todos os dias e talvez passasse uma ou duas horas tentando ensiná-la a falar. Mas você também deve saber que desisti das minhas aulas com Pedrita depois de cerca de uma semana. Brincar com a Barbie e suas amigas se mostrou ser uma tarefa muito mais fácil. Além disso, alguém tinha de dirigir o novo carro da Barbie e ajudá-la a promover suas festas de última hora. Juro que fiz o meu melhor para cuidar de Pedrita. E eu pensava que estava fazendo um bom trabalho. Você sabe como qualquer criança cuida tão bem de qualquer coisa. Eu não tinha aquele pássaro há nem um mês quando voltei da aula de dança e notei que ela tinha desaparecido. A gaiola tinha desaparecido. Entrei, imediatamente, num ataque de pânico infantil quando vi que a sua pequena área na nossa sala tinha sido substituída por uma mesa de café de madeira, novinha em folha, com um bonito pedaço de vidro manchado no meio. O mau cheiro que Pedrita causava (que realmente me incomodava e à minha mãe) também havia ido embora, substituído pelo cheiro favorito da minha mãe: Pinho Sol. Quando finalmente parei de chorar, perguntei o que tinha acontecido. Minha mãe disse que Pedrita tinha voado para longe. Ela tinha essa forma de responder a certas perguntas de forma tão abrupta e firme que ninguém se atrevia a pedir-lhe que explicasse.

Fiquei devastada e deprimida (leia-se: quando as crianças se recusam a comer e se sentam no canto fazendo beicinho). Eu estava louca de raiva. Durante semanas, fiquei muito abalada com o pássaro. Mas, mais do que qualquer uma dessas emoções que senti, eu sabia que tinha deixado Pedrita triste. Eu disse à minha mãe que queria desistir da escola. Sei que é uma exigência risível, mas senti que a escola era a razão pela qual não cuidava melhor de Pedrita; que ela nunca teria saído se eu estivesse mais em casa. A minha mãe sabia como a filha dela podia ser dramática, por isso, meu pedido de desistir da escola foi arrogantemente descartado como aquelas uvas-passas nojentas durante a Páscoa. Depois disso, nunca mais tivemos outro animal de estimação. A minha mãe já tinha superado isso e ignorou todos os pedidos que eu fiz por um cachorro... ou um peixe!

Acho que eu estava na casa dos vinte anos quando a minha mãe se descuidou e contou a verdadeira história por trás do desaparecimento de Pedrita. Escute isso: o meu pássaro não fugiu. Mas aposto que você já tinha adivinhado! Minha mãe deixou a sua confissão, de coração leve, escapar casualmente durante o jantar de Ação de Graças, enquanto todos devorávamos os seus infames bolinhos de siri caseiros. Ela disse que acordou uma manhã e que o "maldito pássaro" estava morto. (Aqui é onde você pode inserir muitas risadas sinceras e alguns suspiros profundos de alívio das minhas tias e dos meus primos mais velhos. Como se todos eles soubessem!) Ela disse: "Pedrita foi uma má ideia. Eu sabia que você não tomaria conta de um pássaro!". Então quando ela encontrou o corpo sem vida de Pedrita, limpou todos os vestígios de sua existência e depois a jogou no nosso quintal para os cães de rua e os ratos fazerem a festa (a criança dramática em mim ainda ressuscita algumas vezes).

Eu não vou mentir, fiquei furiosa quando minha mãe me disse isso. Eu rapidamente mudei de assunto para não me envergonhar ao gritar com minha mãe por ter mentido. Olhando para trás, a adulta em mim sabia que ela estava apenas tentando proteger a mim e as minhas crises de choro incontroláveis (leia-se: rios de lágrimas seguidos de soluços e meleca). Ela não queria que eu experimentasse a morte, mesmo que a perda fosse apenas "esse pássaro". Então ela mentiu na minha cara, sem desculpas, para me manter a salvo dos meus próprios sentimentos.

Como mãe, eu entendo. Você quer manter os pequenos e frágeis sentimentos dos seus filhos a salvo porque sabe que eles são quebráveis. E é uma merda quando se machucam. Mas gostaria que a minha mãe tivesse sido sincera comigo. A realidade era que eu teria um mini ataque de pânico e ficaria deprimida de qualquer maneira porque Pedrita tinha desaparecido. Não se pode consertar isso. Aconteceu. E no grande esquema de verificações da realidade... Detesto ter de dizer isto, todo mundo morre. É verdade, fomos todos enganados, pessoal! É uma das poucas garantias nesta coisa que chamamos vida. Todos e todas as coisas morrem. Todos e cada coisa tem um começo e um fim, um princípio e uma conclusão. Abruptamente ou semiplanejado, vai acontecer, meus queridos.

TODOS E CADA COISA TEM UM COMEÇO E UM FIM...

Eu sei, tudo isso é *muito* deprimente. É essa verdade imutável que todos ignoramos: o nosso próprio falecimento. Depois passamos horas, dias, meses, anos, décadas e até mesmo a vida sofrendo em vez de realmente viver e amar.

Se todos nós nos amássemos desavergonhadamente, então a morte seria um comprimido mais fácil de engolir. Se amássemos sem arrependimento, sem culpa, sem julgamento — você sabe: sem vergonha —, então a morte seria apenas o preço que pagaríamos por um amor tão grandioso. Você consegue imaginar um amor tão implacável que você nunca iria querer que essa pessoa não fosse nada além de feliz e superalegre? Mesmo que isso significasse que a morte tinha de acontecer? É o tipo de amor que permite à sua mãe largar todos os sonhos dela para que você experimente os seus. É um amor tão monumental que dura para além do seu último suspiro neste mundo. Isso é amor desavergonhado! Só quando não tinha o presente de amor da minha mãe, todos os dias, é que percebi que era tão desavergonhado. Ela sempre me protegeu, a mim e as minhas delicadas crises de choro, a qualquer custo.

Ela sempre me protegeu...

Eu tinha vinte anos quando saí de casa. Eu tinha acabado de ter um bebê. Eu queria sair e voltar para casa a hora que eu quisesse. A minha mãe e eu tivemos uma discussão enorme sobre as coisas habituais que a vida traz a qualquer jovem adulto. Recém-formada do mundo da adolescência, eu queria aproveitar a minha nova vida adulta porque... era minha e era nova! Com o meu filho de um ano no colo, disse à minha mãe onde ela podia ir e como poderia chegar lá. Ui! Eu sabia que ela não tentaria me matar enquanto eu tivesse o meu filho nos braços.

Eu planejava nunca mais voltar àquela casa. Porque ela estava certa. Se eu não queria viver pelas regras dos meus pais, então devia ir embora. Pouco antes de sair da cozinha e tentar bater com força a porta da casa *dela*, ela agarrou a maçaneta com uma mão e meu pulso com a outra e disse: "Pode sair da minha casa se quiser, mas lembre-se que você pode *sempre* voltar ao seu lar!"

Houve muitas vezes, quando eu estava no escuro, sem eletricidade, segurando meu filho, que desejei voltar para casa. Fui despedida do trabalho mais vezes do que gosto de lembrar (ou admitir), mas meu orgulho nunca me deixou voltar para casa. Em vez disso, eu a visitava com frequência para aprender minha parte de orientação parental, conversar sobre a novela, e *claro...* para comer aqueles infames bolinhos caseiros de siri que minha mãe adorava fazer para mim.

...O amor dela era tão desavergonhado que ela não se importava...

Quando estava pensando em como explicar o amor desavergonhado, pensei no dia em que parti. Porque algo me aconteceu naquele dia. Porque o amor dela era tão descarado que ela não se importava com quem a julgava pelos meus atos. O amor dela nunca mudou, não importava o que eu fizesse ou o que dissesse. O amor da minha mãe me libertou! Libertou-me para ser algo mais do que alguma vez poderia ter imaginado. E, claro, apesar daquela libertação que ela me concedeu, consegui transformar os meus vinte anos num longo episódio teatral de reality show de pegadinhas e depois passei os meus trinta anos limpando aquela obra-prima de loucura. Mas o seu amor deu-me a permissão para pensar além dos momentos que me tornaram fraca. Foi ele que me fez forte. Aquele amor desavergonhado me permitiu acreditar que eu poderia ser grande. Permitiu que eu me mantivesse forte no que ela me ensinou sobre certo ou errado. Aquele amor desavergonhado me permitiu cometer erros absurdos que me levaram a lições fenomenais. Como este livro!

A VIDA ATIROU UMA GRANADA EM MIM: ADEUS, MÃE

E então, a merda da vida aconteceu! Uma granada gigantesca foi atirada aos meus pés. Eu não fugi. Eu não consegui correr. Acho que a pior parte sobre a morte é que não se pode fugir dela. E agora, não havia ninguém para encobrir as minhas feridas antes que elas surgissem. Fui forçada a enfrentar a morte mais uma vez. Mas agora, sozinha.

O obituário da minha mãe diz: "Yolanda 'Denny' D. Brown faleceu pacificamente em casa, rodeada pela sua família, no domingo, 28 de abril de 2013." Tenho sempre que verificar o obituário para checar a data exata, porque consegui descartar propositalmente a existência desse dia. Não é como uma memória para mim; é a minha realidade. E mesmo não me lembrando do dia, é uma realidade que eu repito muitas vezes como um filme de final idiota, uma e outra vez. É como cada vez que vejo *Diário de uma paixão*: eu fico presa pelo enredo de como eles se apaixonaram. Depois, me desmancho sobre o amor deles e espero a sua continuação, como se não soubesse o final. Como se não soubesse que eles morrem pacificamente, de mãos dadas, mas mortos, mesmo assim. É como se eu não soubesse que fui enganada e todas as pessoas morrem. Incluindo as mães. Incluindo a minha mãe.

Quando a minha mãe morreu, a minha família me tratou como aquela menina de dez anos cujo periquito tinha acabado de morrer. Todos estavam mentindo para mim, para me poupar das minhas crises de choro e dos meus sinais de depressão infantil. Toda a minha família na ponta dos pés por causa dos meus sentimentos. A minha tia Katy telefonou-me na quarta-feira antes da minha mãe morrer. Eu estava no trabalho quando peguei meu telefone para dizer alô. Houve uma longa e desconfortável pausa. Era o tipo de pausa que era longa demais para que algo de bom acontecesse em sequência. Você sabe de que tipo de pausa estou falando. Do tipo que implica o que virá a seguir. É o tipo de pausa das más notícias. Aquela agonizante, despedaçadora de corações, da impensável má notícia! Ela me disse que a enfermeira do hospital tinha estado na casa dos meus pais para examinar a minha mãe, e que ela "não estava parecendo bem".

Eu. Quase. Surtei.

Um surto de camisa de força, do tipo de hospital psiquiátrico. Quero dizer, vamos ser realistas aqui, pessoal. Ela não parecia bem desde o dia em que fomos ao hospital e o médico disse: "Pode nos dar licença? Eu preciso falar com a sua mãe em particular." Houve uma pausa desconfortável semelhante nesse dia, também.

Mas por fora me acalmei e deixei a tia Katy terminar, porque ela é a minha favorita, e sei que tem boas intenções o tempo todo! Ela disse: "Você devia voltar para casa agora, eles estão dando apenas alguns dias." Eu calmamente, quase sem qualquer sentimento na minha voz, disse: "Ok."

Ok? Que. Porra. É. Essa?

Todo o meu corpo escorregou lentamente pela cadeira e eu fiquei basicamente largada no chão. Eu podia sentir meu lábio inferior tremer, mas o rio de lágrimas que estava se preparando desde o momento em que minha mãe foi para casa com um tratamento paliativo simplesmente não saia. Em vez disso, a minha pele ficou quente. Depois ficou fria. Pensei que iria desmaiar. Deixei cair o meu celular e, apoiada nas minhas mãos e joelhos, me virei para a minha colega de trabalho e sussurrei: "A minha mãe está morrendo."

A MINHA MÃE DEVERIA TER VIVIDO PARA SEMPRE...

Foi a primeira vez que disse isso em voz alta. Foi a primeira vez que acreditei que a morte poderia realmente chegar à minha mãe. Foi a primeira vez que acreditei que tinha sido enganada. Ela deveria vencer o câncer e viver para ver *tudo* o que me aconteceria gloriosamente. Ela deveria estar lá para o meu casamento, para os meus netos (embora eu nem quisesse um), para a minha primeira casa, para o meu primeiro livro. Minha mãe deveria viver para sempre, apesar de eu ter passado os últimos oito meses brincando com ela sobre como seria o Andar de Cima quando ela chegasse lá. Nós tínhamos tantas perguntas. Como: você tem que esperar na fila para ver Jesus? Porque eu sinto que Jesus é realmente popular no Céu, então pode ser que demore um minuto para ela se acomodar. Há algum encontro que aconteça entre Jesus e todos os novos anjos? Então eu me perguntei: você vê Jesus primeiro e depois Deus? Ou será que alguém realmente vê Deus? Ouçam! Eu tinha (e ainda tenho) tantas perguntas. Mas foi sobre isso que falamos. Nós sabíamos que a morte estava para acontecer. Mas quando aconteceu...

Aquela viagem de metrô de uma hora desde o meu emprego em Midtown até a minha caixinha a que chamo de casa no Brooklyn foi absolutamente miserável. Eu estava em um vagão lotado, observando as pessoas me olhando enquanto eu chorava violentamente. Eu não tinha sequer energia para limpar as lágrimas, por isso estava encharcada dos meus olhos até ao peito. Literalmente! A frente da minha blusa branca de trabalho estava ensopada e mostrava aos meus colegas passageiros mais do que qualquer mulher queria mostrar em um metrô lotado de Nova York.

COMO LIDEI COM A MORTE DA MINHA MÃE

Depois alguma coisa aconteceu. Ouvi uma canção que desencadeou o que acredito ter sido a minha revelação. Percebi que a minha mãe estaria sempre comigo, não importava o que acontecesse. Eis porque isso é mesmo um sinal do Menino Jesus: a música que credito como minha revelação é uma canção que nem me lembrava de ter acrescentado a nenhuma das minhas playlists no Spotify. Nunca. É uma música que provavelmente teria pulado em qualquer outra viagem de metrô, mas naquele dia eu deixei "Lovely Day" — a versão de Jill Scott — soar dentro dos meus fones de ouvido. Eu parei imediatamente de chorar. Aumentei o volume o mais alto que pude e depois enfiei os fones um pouco mais fundo nos meus ouvidos. Jill começou a cantarolar. Sua batida pulsava. O baixo ficou mais alto. O fornecimento de água para as minhas lágrimas parou como se uma barreira tivesse acabado de aparecer diante delas. A minha mente entrou em um estranho estado de calma.

Agora, essa música aparece nas minhas playlists sempre que preciso dela. Sempre que preciso sentir minha mãe e ser lembrada do amor que partilhamos. E ainda tenho calafrios quando a ouço. Aparecem as minhas pequenas lágrimas incontroláveis. Penso sempre no momento em que a minha mãe se tornou o meu anjo pessoal. Sempre acreditei que era o momento em que ela ganhava asas.

No ano passado, minha melhor amiga e eu fomos ao Oprah's The Life You Want Weekend. O nosso primeiro e único objetivo era estar com a Mama O. E talvez quiséssemos ser inspiradas. Chegamos lá supercedo. O tipo de cedo que permite centenas de *selfies* em um estúdio vazio. Tínhamos assentos decentes, e nos certificamos de ir com o coração aberto e sem julgamentos. Naquela época, eu estava desesperadamente procurando alguma inspiração, algum estímulo, alguma coisa. Eu precisava ser despertada. Eu estava escrevendo para uma publicação online que indiscutivelmente fazia o interior da minha alma se rastejar para o nada e me queimava em uma morte lenta, repetida diariamente. Eu senti que a relação com o meu namorado estava se desmoronando (e a verdade é que estava). E desde que a minha mãe tinha morrido, eu não tinha falado ou tido uma conversa real com o meu pai, fora algumas mensagens de aniversário e de feliz dia dos pais. A vida para mim tinha se tornado uma tarefa extrema, e eu estava apenas me movendo. Eu estava esperando e rezando para que a Oprah pudesse oferecer alguma terapia gratuita, porque eu também estava falida.

Por favor, acredite quando lhe digo que Oprah e suas convidadas pregaram a boa palavra de "recomponha sua vida" durante todo o final de semana. Aqueles dias realmente escavaram fundo a minha alma e depositaram afirmações positivas muito necessárias e testemunhos universais que eu precisava ouvir para continuar. Quando tudo acabou, Oprah fez os seus comentários finais. Eu mal conseguia me concentrar na mensagem dela; estava concentrada apenas nos meus sentimentos. E quem me conhece sabe que realmente odeio sentir os meus sentimentos. Mas, enquanto a Oprah falava, eu lamentava o fato de minha mãe e eu nunca termos experimentado coisas como aquela juntas. Na melhor das hipóteses, víamos o T. D. Jakes pregar essa boa palavra aos domingos, durante o nosso culto batista. A minha mãe odiava aviões e tentou da melhor maneira *não* viajar muito longe daquela pequena cidade de Maryland de onde éramos. Eu só pensava no quanto a minha mãe teria adorado estar lá para testemunhar Oprah e seus amigos. Nós nunca tivemos a chance de fazer nenhuma das coisas realmente legais que eu estava fazendo desde que me tornara uma blogueira/escritora popular.

Queríamos vencer a multidão, por isso começamos a chegar aos degraus quando Oprah estava terminando seu discurso. Se você gosta de finais melodramáticos e clichês, então já deve ter adivinhado o que aconteceu quando a Oprah saiu do palco à esquerda. Sim! "Lovely Day", de Jill Scott, tocou ao fundo enquanto Oprah terminava a noite. Você pode deixar rolar suas próprias lágrimas agora mesmo, porque quase me joguei no chão quando Jill começou a cantar. Quando aquela batida me tocou. Quando o baixo ficou mais alto. Mas em vez de fazer da minha melhor amiga uma completa idiota (porque francamente nunca me importei tanto em fazer papel de idiota), optei por fechar os olhos e permitir que a presença da minha mãe se instalasse confortavelmente no meu coração e na minha mente. Antes daquele momento eu estava tão perturbada. Estava à procura de algo no mundo para me dar um pontapé no peito e me implorar para recomeçar a viver. E, naquele momento, eu o fiz. Tornou-se um ponto muito improvável na minha vida. De repente, ela voltou a ter um propósito. A morte da minha mãe tinha novamente um propósito. Aquele momento singular mudou o que eu sentia pela morte dela. Mudou a forma como eu pensava na morte como um todo.

No início do meu luto, ignorei-o completamente. Nunca usava o pretérito quando falava da minha mãe. Lembro-me de ter tido um ataque de pânico quando o meu pai me pediu para ir à casa deles e esvaziar o armário dela. Eu estava lívida. Ela não estava morta nem há uma semana e ele queria que eu jogasse fora todas as nossas memórias. Como se elas não significassem nada para nós, para ele! Não conseguia entender por que queria que as coisas dela desaparecessem tão cedo. Se eu fizesse da minha maneira (e, é claro, eu faria), manteria tudo igual. Eu queria que tudo ainda lembrasse e cheirasse como a minha mãe. Queria poder abrir a porta do banheiro dela e cheirar o perfume Red Door, de Elizabeth Arden. Queria que o cheiro fosse tão desrespeitoso que queimasse o nariz quando entrássemos no quarto dela. Não importava se ela já não estava fisicamente lá comigo, conosco. Sim, na minha mente, eu sabia que ela tinha desaparecido. Mas pensei que se tudo na casa dos meus pais ainda deixasse os vestígios dela, então *talvez* parecesse que a morte nunca tinha acontecido. Como se ela nunca nos tivesse deixado para ir diretamente para o Andar de Cima. Seria como se ela nunca tivesse morrido.

EU PODIA SENTIR QUE ELA NÃO TINHA MEDO DA MORTE...

Mas ela morreu. E eu não podia ignorar isso. Depois de vê-la lutar contra o câncer por quase um ano, aprendi que as últimas etapas da sua luta despertaram esse sentimento de inevitabilidade sobre a morte. E acho que isso deve ter sido libertador para a minha mãe. Eu podia sentir que ela já não tinha medo da morte, não mais. Ela estava mesmo pronta para morrer. Foi assim que acabamos uma conversa sobre o que as pessoas fazem no Céu. Ela já não tinha de gerir o seu medo. Foi estranho, mas ela tinha começado a incluir a sua morte como parte de sua experiência. Ela começou a acreditar que se pudesse se preparar para sua morte, então esmagaria o poder que a morte tinha sobre ela. E depois de fazer beicinho e soltar algumas lágrimas percebi que era assim que tinha que lidar com a morte dela. Porque fomos todos enganados. Todos morrem!

Então eu comecei a viver com propósito. Garanto que isso é algo em que trabalho diariamente. Não acontece naturalmente. Acho que não é natural para ninguém. Às vezes, eu preciso que Jill Scott *e* Oprah me lembrem que eu tenho um propósito, e que tenho que encontrar um objetivo para viver. Ter propósito na vida é algo que, exatamente quando você pensa que dominou, esquece completamente. Volta a fazer beicinho e a ter ataques de pânico infantil. A realidade de perder o maior amor da minha vida é a mais difícil de aceitar. A onda de sentimentos que tenho ao som da palavra "mãe", as ansiedades, as noites sem dormir, a dor de nunca mais ouvir a voz dela, todas essas coisas me deixaram de joelhos. Mas a minha intenção não é viver uma vida feliz sem a minha mãe. Compreendo agora que processar a minha dor não significa que alguma vez haverá menos sofrimento para mim. Isso só significa que é possível, com a minha luta, dar a volta por cima. Aprendi que o meu propósito de viver uma vida feliz exige descobrir constantemente como estar para sempre rodeada pelo seu amor eterno.

E não sei se essa é a maneira certa ou errada, mas é assim que eu lido com a morte!

ENTÃO EU COMECEI A VIVER COM PROPÓSITO.

Coisas para repetir para si mesma

Um brinde aos amores da sua vida...

...os que inspiram um tipo especial de amor que liberta completamente

a sua alma.

Saiba que fomos todos enganados...

...oriente a sua visão da vida.

Mude o significado da morte e a sensação

que ela tem para você.

Abrace as suas lágrimas.

Deixa-as sair para brincar quando quiserem.

Elas podem manter você são.

2
Quando famílias destroçadas sofrem

OS FRUTOS DA MINHA ÁRVORE GENEALÓGICA ENVENENADA

Quando decidi escrever este livro, contemplei profundamente um monte de coisas. Desde se eu era qualificada para escrever um livro, até o que podia incluir ou excluir. Você pode imaginar que tipo de ansiedade e dúvidas escrever uma mistura de memórias e autoajuda traz. Uma das coisas que me fez andar de um lado para o outro foi se devia ou não contar um dos meus segredos mais profundos e sórdidos — minha família disfuncional. Sinto que todos nós viemos de uma, certo? E como este livro é todo sobre luto e o que aprendi ao longo do caminho, senti que seria negligente se não partilhasse as partes de mim que não são tão agradáveis e encantadoras. As partes de que tenho vergonha. Os esqueletos que tenho guardado no meu armário. Assim, tive que contar as histórias difíceis que também mostram as partes de mim que foram moldadas sem o meu consentimento. Para saber verdadeiramente quem sou como pessoa, como escritora e também como alguém que está de luto, eu senti que você, leitor, tinha que entender de onde vim. Tive que desvendar como cheguei a este lugar de puro contentamento. Basicamente, o como e o porquê de eu não ligar para porra nenhuma.

Mas eu também precisava ser justa com a minha família. Será que eu queria mesmo colocá-la "em risco" assim? Muito do que me lembro quando criança foi construído sobre dolorosos segredos que, em virtude de um código não dito que todos conhecemos como "lealdade familiar", nunca fui capaz de partilhar ou falar sobre. E por causa desse código idiota, uma parte de mim sentiu-se responsável por manter esses segredos vedados e fora do seu alcance.

Mas mudei de ideia.

No seu funeral, alguns membros da nossa família contaram histórias emocionantes sobre a minha mãe, algumas das quais eu nunca tinha ouvido antes. Eram histórias deles juntos. Eram as suas memórias. Depois disso, fomos todos para o porão da igreja, para comer alguns pratos típicos de funeral... frango frito gorduroso, feijão-verde cozido demais e salada de repolho. Quando voltamos para casa, eu fiquei sentada no chão, no meio da sala vazia dos meus pais, sozinha. Todos tinham saído. Até o meu pai foi festejar a sua tristeza. Eu estava em uma casa vazia com apenas fotos antigas da minha mãe e o cheiro dos lençóis do hospital dela. Fiquei sozinha com os meus pensamentos e com esse novo aborrecimento chamado luto. Não tinha falado muito com os parentes da minha mãe desde aquele dia em que me deixaram. Isso foi há três anos! O meu pai, às vezes, telefona em aniversários e feriados. Alguns dos meus primos me deixam mensagens do tipo "sinto falta de te ver" ou "você está indo bem" na minha página do Facebook.

Mas quando o luto começou para todos nós, senti como se tivesse sido esquecida.

A maior parte da minha família, do lado da minha mãe, agiu como o Gasparzinho, o Fantasminha Camarada, para mim. Eu usei "camarada" para descrever a desconexão da minha família, porque não parece que seja descarado ou intencional.

...A MINHA VIDA PARECIA UMA LOUCURA FAMILIAR NORMAL

Não me lembro de dizer ou fazer algo que os fizesse nunca mais querer falar comigo (acho que não?). Nunca recebi telefonemas ou mensagens no Facebook sobre as nossas reuniões com autênticas lagostas e tortas de batata branca de Maryland no vapor; por isso, no início, a sua ausência na minha vida pareceu uma tolice familiar normal.

Para mim, a minha família sempre foi apenas eu, minha mãe, meu pai e meu irmão. Porque, quando se tratava do lado da minha mãe da família, éramos como que a "ovelha negra", como diz o ditado. É complicado porque não sei bem o motivo de sermos as ovelhas negras. Só sei que a minha mãe não foi criada pela minha avó, e as coisas complicaram-se quando a minha avó teve outro filho depois da minha mãe. Há muito ressentimento e raiva que nunca vou entender completamente; pois bem, minha mãe está morta e nunca pedi para ouvir a história completa. Mas sei que isso afetou a todos.

Fora a minha herança de ovelhas negras, eu era a garota linda, mas malcriada, que achava que sabia tudo e revirava os olhos um pouco demais para os adultos sempre que lhe pediam para fazer algo que ela não queria fazer. E sempre consegui ser pega, também. Eu era uma daquelas netas autoindulgentes que sempre se safava quando era o dia da família ir à igreja da avó. Foi culpa da minha mãe, ela dizia que eu não precisava ir se não quisesse. Por isso, não ia. Também fui eu quem deixou a pequena cidade que me deu à luz em busca de algo maior e não olhei para trás. Por isso, como eu era a ovelha negra, não esperava o apoio da minha família além dos meus pais e do meu irmão. Até que vi o que era apoio de verdade e o impacto que ele causava.

Tinha encontrado esse novo apoio na internet, e esse apoio me defendeu sem tréguas quando eu estava em meus dias mais sombrios. Foi fantástico pra caralho! Quando eu não conseguia sair da cama e publicava mensagens críticas nas redes sociais, os meus seguidores do Twitter sabiam. Os meus seguidores do Instagram sabiam. Os meus seguidores do Facebook sabiam. Eles mandavam mensagens uma vez, e outra, e outra e outra, até eu lhes responder dizendo que estava bem. E mesmo depois daquelas mensagens, eles me enviavam outras só para ter certeza de que eu não estava mentindo para eles. Pensei em todas as vezes que a minha família ligou para me ver depois da morte da minha mãe.

Zero! *Zero* vezes. Nem uma única vez a minha família do lado da minha mãe me ligou para ver como eu estava e saber do meu luto. Depois fiquei furiosa. Realmente louca. Tipo, a *grande* louca!

...TALVEZ A MINHA CURA TAMBÉM AJUDE VOCÊ...

Então agora eu realmente não tenho nada a dizer sobre como eles vão se sentir lendo esta parte porque, francamente, não acho que eles me apoiarão e lerão o meu livro. Também tenho certeza de que essa confissão faz parte da minha cura. E, talvez, a minha cura também ajude você a desvendar a sua verdade no luto. Eu não posso ignorar isso. Eu não vou ignorar isso. Você é mais importante para mim. Que inferno! Eu sou mais importante para mim.

"Uma família disfuncional é qualquer família com mais do que uma pessoa nela."
Mary Karr, autora de *The Liars' Club*

Como alguns de vocês, fui criada em uma casa tradicional de trabalhadores. Tive a sorte de ter dois pais trabalhadores que sempre pensei serem felizes no casamento. Eu tenho um irmão pelo qual implorei, mas que secretamente desejei que os médicos voltassem e pegassem de volta. Ele só demorou muito para chegar (leia-se: temos seis anos de diferença), e eu já tinha me habituado a ser a única criança.

O nosso quintal e os nossos quartos eram suficientemente grandes para nunca sermos obrigados a nos comunicar e sermos os verdadeiros irmãos que gostavam um do outro. Era a minha família.

EU SABIA QUE A MINHA FAMÍLIA ESTAVA SE DESMORONANDO.

Nossa vida pública promovia a normalidade com uma linguagem de código universal: "Estamos todos indo muito bem. Nós estamos bem". A maior mentira já contada a todos! Você sabe que as aparências podem enganar, e as nossas faziam exatamente isso. Atrás de portas fechadas, eu sabia que a minha família estava se desmoronando. Tinha se desmoronado. Foi só quando me tornei adulta e estava vivendo como adulta que percebi que todos nós crescemos com algum nível de caos familiar e imprevisibilidade. Eu diria que essa é uma interação familiar normal simplesmente porque todos nós carregamos feridas antigas e bagagens da nossa juventude. O nosso orgulho e o respeito pelas nossas famílias nunca nos permitirão admitir isso. Mas eu asseguro a você que é verdade. Sabe o que mais é verdade? As crianças que têm que viver dentro desse caos familiar e dessa imprevisibilidade se tornarão deficientes de muitas maneiras. Depois do meu pequeno período na terapia, percebi por que não confiava na maioria das pessoas que afirmavam me amar (com exceção da minha mãe, é claro). Ao crescer, parecia que todos à minha volta diziam me amar, mas todos estavam mentindo. Eram todos uns mentirosos. Nunca soube em quem deveria acreditar. Eu veria algo acontecer, ou estaria envolvida no que acreditava ser pura catástrofe, e seria forçada a mentir sobre isso. Logo, acreditei nessas mentiras. Eu acreditava que estava fazendo a coisa certa ao mentir a todos sobre as nossas vidas. Esse é o fruto da minha árvore genealógica envenenada.

DESCOBRINDO E ADMITINDO DISFUNÇÕES

A maior parte do mundo vê alcoólatras e viciados em drogas como vagabundos sem-teto que foram abandonados pela vida e irritantemente residem em nossas ruas. Alguns de nós vemos os dependentes como os homens e as mulheres do nosso mundo que traíram seus nobres talentos dados por Deus por uma garrafa de vodca barata, embrulhada em um saco de papel marrom, ou uma agulha suja cheia de um chamado maior que a vida. Pesquise no Google qualquer estatística sobre vício, e você lerá que estamos todos errados. Poucos viciados se encaixam nessa imagem que materializamos. A maioria dos dependentes é funcional. Os meus familiares eram ou, devo dizer, são viciados. Nunca saberei que momentos da vida realmente levaram o meu pai a usar drogas. Eu sempre me perguntei: qual foi a evolução da dependência? Posso imaginar que a ansiedade e a pressão que vêm com o casamento com sua namorada grávida de ensino médio podem ter sido avassaladoras. Ou, talvez, tenha sido simplesmente usar drogas casualmente e o resultado foi ruim. Ou será que começou com maconha, e depois a vida passou desse inacreditável unicórnio para um monstro com o qual ele não podia mais andar sozinho, então convidou drogas pesadas para se juntarem a ele nessa viagem? O que foi? Quem sabe? Será que eu me importo? Eu nunca pedi a verdade ao meu pai. E na vida real, provavelmente não o farei. Não tenho certeza se a sua verdade importa muito quando penso na minha viagem e no que ela significa. Mas é o nosso maior segredo — que eu conheço —, e tenho quase certeza que acabei de violar o código familiar ao contá-lo.

Bem, agora já foi!

Mas era preciso dissecar definitivamente essa parte do meu mundo a fim de compreender o meu processo de luto. Quando criança, neguei conscientemente os meus sentimentos sobre o vício do meu pai. Então, quando minha mãe morreu, me vi imediatamente negando a esses sentimentos um lugar na minha alma. Tenho quase certeza de que é por isso que odeio sentir meus sentimentos.

Lembro que era a semana de pais e filhos na minha escola. O meu pai faltou a todas as atividades. Foi uma porcaria. Eu fiquei chateada. Os meus amigos começaram a perguntar onde o meu pai estava. Eu menti. Disse que ele fora enviado para servir na Guerra do Golfo. Gente de guerra! E eu repeti isso tantas vezes que comecei a acreditar nessa merda. Mas a verdade é que o trabalho dele o mandou para um centro de reabilitação a poucas horas da nossa casa para que ficasse sóbrio. E também para melhorar para a família dele, para nós. Mas era embaraçoso para mim. Ele tinha estado fora por um tempo antes de o visitarmos, então eu tinha ficado muito amarga com todas as coisas que ele tinha perdido e com o fato de eu precisar mentir sobre onde ele estava. Senti que não podia contar a verdade aos meus amigos. É difícil de explicar, mas mesmo quando criança eu sabia que a verdade dele era o nosso segredo a ser guardado. "O meu pai é um viciado" não é um bom começo de conversa quando criança. Eu ficava envergonhada, e não era algo que sentisse que podia partilhar. Parecia um negócio de família. Merda, ainda sinto vontade de apagar este capítulo todo.

Apesar da minha vergonha, a minha mãe acabou me convencendo a ir visitá-lo. Fomos, talvez, uma ou duas vezes (pelas minhas memórias de infância realmente vagas que eu posso ter bloqueado da minha mente). Lembro-me que ele estava numa casa muito grande e luxuosa. E havia muitas celebridades lá também. Alguns dos pacientes eram pessoas que eu tinha visto até nas novelas que eu e a minha mãe assistíamos. O meu pai tinha ficado muito amigo de um dos caras de lá. Ele era um ex-lutador. Caramba, eu adorava luta livre! Eu assistia todas as semanas e podia dizer todos os lutadores que eram superestrelas e os seus movimentos exclusivos. O meu pai conseguiu que ele autografasse a minha mochila de ginástica. Blergh! No início, pensei que aquilo era muito legal. Mas ainda tinha vergonha do meu pai e daquela mochila estúpida, por isso a joguei no lixo e continuei a mentir para os meus amigos. Eu consegui construir esse sistema de negação puramente a partir de um propósito lógico e sensato. Havia um sentimento de vergonha e embaraço do qual acho que nunca me livrei. Mas quando era criança, negação era o que eu precisava para sobreviver. Não havia aprendido a processar nenhum desses grandes sentimentos adultos que estava tendo em função desse grande momento adulto que estava vivenciando. E eu acredito verdadeiramente que se não tivesse criado esse sistema para essa experiência, então estaria em um lugar diferente psicologicamente.

...FINGI QUE O LUTO NÃO ESTAVA ACONTECENDO.

Quando a dor apareceu pela primeira vez no meu mundo, foi assim que tentei tratá-la: com o meu sistema de negação. Inconscientemente fingi que o luto não estava acontecendo. Pulei fora como se fosse apenas uma coisa que acontece. No grande esquema das coisas, no âmago do que é a morte, é apenas essa *coisa* que acontece a todos em algum momento. Como eu disse, fomos enganados; todos morrem. O fim acontece a todos e a tudo. Mas quando tentei, digamos, automedicar a minha dor, todos aqueles anos de refinação da minha negação me atrapalharam. Quando criança, era normal saltar e brincar em volta dos meus sentimentos. Agora, como adulta, foi uma experiência que me drenou e me intoxicou.

"Se você não tiver tempo para trabalhar na vida que quer, será forçado a passar MUITO tempo lidando com a vida que NÃO quer."
Kevin Ngo, autor de *Let's Do This! 100 Powerful Messages to Help You Take Action*

Embora o meu pai estivesse sóbrio há anos, estava na hora de eu realmente descobrir e admitir a minha disfunção.

O vício do meu pai era apenas a superfície dos meus problemas. Talvez esse seja o meu próximo livro (ou a conta de um ano de terapia). Mas percebi que quanto mais tempo negava a minha disfunção, pior me sentia. Eu ficava mais deprimida. Tive que aprender como me tornar independente de outras pessoas e das minhas experiências passadas. Havia essa interdependência que governava a minha vida. Mesmo sendo adulta e tendo um filho que precisava muito de mim para ser sua mãe. Embora tenha vivido sozinha durante mais de uma década numa cidade diferente dos meus pais. Apesar de ter um emprego que pagava as minhas contas a maior parte das vezes. Mesmo sendo adulta, sempre soube que meus pais, minha mãe para ser específica, estariam lá para me livrar de qualquer problema que tivesse. Quando minha mãe morreu, a minha dependência terminou abruptamente e o processo de desprendimento começou.

HONRANDO O DESAPEGO COMO UMA LIÇÃO DE VIDA

O suporte de vida que a minha mãe me deu durante cerca de trinta anos foi imediatamente desconectado quando ela morreu. Eu já não era a mesma pessoa. Eu não fazia ideia de quem eu era. Passei o primeiro ano do meu luto tentando analisar e basicamente controlar cada momento da minha vida. Acho que é o que todos nós fazemos quando o vazio da separação nos atinge. Nós, inconscientemente, fazemos qualquer coisa para nos sentirmos completos novamente, e eu estava tão perdida sem a minha mãe. Então, comecei a pacificar agressivamente o meu senso de vazio, me movimentando interruptamente. Eu estava ocupada. Sobrecarreguei cada minuto do dia. Como resultado, mal me lembro do aspecto ou da sensação que tive em 2013. Ainda estou surpresa por ter sobrevivido ao primeiro ano sem a minha mãe. Desde o minuto em que ela deu o último suspiro, em abril, eu reprimi a porra dos meus sentimentos. Eu não queria sentir nada! E não senti no início.

Enterramos minha mãe em um sábado, e no sábado seguinte eu compareci com meus amigos blogueiros em um show da Rihanna no Barclays Center, no Brooklyn. A nossa experiência em shows foi patrocinada por uma marca de cabelo, por isso a comida e as bebidas rolaram livremente. Eu comi e bebi tudo o que passou por mim e até algumas coisas nos pratos das outras pessoas. Lembro de as pessoas me perguntarem frequentemente se eu estava bem, durante toda a noite. Dã, eu estou aqui, então sim, estou bem. Isso era uma mentira, e eu estava começando a ficar irritada. Elas estavam me lembrando por que eu não estava bem. Mas esse era o único modo que eu sabia como sobreviver à minha dor.

Quando eu não estava viajando ou em eventos na cidade, eu ficava no meu trabalho até uma hora imoral e cruel. Eram quase dez ou onze horas da noite, e eu ainda estava teclando, escrevendo histórias durante a semana, tanto para o meu blog quanto para o meu trabalho como editora em tempo integral. Eu até ia ao escritório aos finais de semana. Passava o dia sentada no trabalho vendo televisão e escrevendo. Eu sabia que depois das dez horas os metrôs que voltavam para o Brooklyn estavam operando no seu típico ritmo de lesma. Quando finalmente chegava em casa, só queria dormir. Quando estava no metrô, me concentrava em aprender a letra de cada música que tocava (se você me conhece, sabe que nunca sei as letras das músicas). Se tão somente mantivesse a minha mente ocupada a cada segundo possível, não sentiria falta dela, não pensaria em como a minha vida era difícil, porque eu estaria muito cansada para pensar nisso. O objetivo era sair deste mundo e entrar em um que eu tinha criado para mim, onde os sentimentos eram absolutamente proibidos. Eu me entreguei a isso como um tributo pelos meus sentimentos. Mas, em 2014, chegou o primeiro aniversário de sua morte, e acordei com todas as emoções que tinha acumulado no ano anterior. Só que agora elas estavam me sufocando.

Fiz o que pensei que nunca poderia fazer: senti. Sentei-me um final de semana e senti toda aquela merda. Tive a maior sessão de choro e melecas conhecida por qualquer ser humano. E tenho certeza de que cheguei a poucos centímetros de arrebentar um dos meus canais lacrimais. Pensei em todas as lembranças que minha mãe e eu partilhamos. Eu estava grata por todas elas. Fiquei ainda mais agradecida pelos últimos quatro meses que partilhamos. Depois de seu diagnóstico, tínhamos criado laços ainda mais fortes. Olhei para as fotos antigas da minha mãe, que eu tinha roubado da casa da minha avó, e pensei na beleza dela. Lembrei dos tempos em que era uma garotinha, e pacientemente sentava em seu banco de madeira favorito, com meus cotovelos nos joelhos, apoiando minha cabeça nas mãos, observando ela se preparar para uma noite de encontro com meu pai. Eu chorei. Ah, eu chorei. E depois senti mais um pouco. Tudo. Eu senti tudo. Senti todas as emoções nesse final de semana, as boas e as ruins. Quando comecei a sorrir para algumas das minhas memórias, soube que estava honrando aquela separação da minha mãe: não como uma maldição, mas como uma lição de vida.

Uma vez que consegui deixar minha mente completamente quieta (leia-se: meditação), compreendi a necessidade de honrar o meu desapego. Tanto nas relações que tenho valorizado como naquelas que me têm causado peso ao longo dos anos. Esse conceito de desapego foi uma lição de vida necessária para que eu pudesse viver uma vida pacífica. Era necessário para que pudesse superar a minha dor.

"Foi o meu desprendimento que me deu um melhor co ntrole."
Chris Matakas, autor de *#Human: Learning to Live in Modern Times*

Mas isso significava que algumas pessoas não poderiam se sentar à mesa dos vencedores comigo. Mesmo que fossem da minha família. Isso significava que eu não permitiria que me tratassem como merda só porque eram família.

Isso queria dizer que eu tinha que cultivar a vontade de deixar algumas coisas e algumas pessoas de lado. É isso que é o desapego. Porque todos nós vivemos vidas intensamente dependentes, o desapego pode parecer um ato indigno do nosso compromisso.

O desapego permite um certo tipo de paz...

Nós permitimos que nossas famílias, comunidades e nossos empregos definam tanto de nós que, muitas vezes, nem sequer somos capazes de descobrir o que fazer a seguir. Porque muito do comportamento deles influencia o nosso. O desapego permite um certo tipo de paz que nos permite amar verdadeiramente e abraçar aquelas pessoas que ganharam um lugar em nossa jornada. Esse processo dá a todos a liberdade de crescer e encontrar a sua própria paz. Embora honrar o desprendimento da minha relação com a minha mãe tenha sido a merda mais chata que já fiz, tive de fazê-lo. Era o preço final que eu tinha de pagar pelo amor dela.

Quando eu não estava abraçando ou honrando aquela separação, estava miseravelmente deixando o meu ego se divertir com um jogo que eu nunca poderia ganhar. O meu ego sempre quis ignorar os meus sentimentos, num esforço para tentar controlar o resultado do inevitável. Nada dessa merda é prometida ou certa. Mas o desapego me ensinou que eu precisava controlar os meus esforços, não o resultado final.

Quando a família não nos deixa seguir em paz

Acho que nenhum de nós estava realmente pronto para esse tipo de desprendimento. Toda a minha família pensou em formas de salvar a minha mãe. Porque em algum momento, todos nós acreditamos que somos Deus, certo? Quando minha mãe e os médicos dela decidiram que era hora de acabar com a luta contra o câncer e ir para casa com um paliativo, meu pai quase ameaçou levá-la ao Cancer Treatment Centers Of America, um centro de excelência de tratamento e pesquisa. Eu definitivamente achei essa ideia ridícula. Ela tinha passado por cinco meses de quimioterapia e radioterapia, e o câncer estava se espalhando agressivamente por todos os órgãos do seu corpo. Mas ele tinha visto inúmeros testemunhos de pessoas doentes que milagrosamente não estavam mais doentes depois de serem tratadas lá. Acho que nunca prestei tanta atenção a esses anúncios. Mas o meu pai acreditou, e começou a crer que os médicos da minha mãe estavam errados sobre a sentença de morte dela. Eles tinham dado a ela apenas algumas semanas de vida, e o meu pai pensava que os médicos tinham falhado com ela e com a sua família.

Nunca conseguimos chegar ao Cancer Treatment Centers Of America.

Senti que eu era a única pessoa na nossa família que entendia o que era um tratamento paliativo. Basicamente, significava que a minha mãe iria morrer gradualmente. E lembrem-se, o fato é que a morte com certeza chega para todos nós e é inevitável.

Eca, isso soa horrível. Mas preciso avisar e contar a verdade sobre cuidados paliativos: isso significa que o seu ente querido irá, confortavelmente, definhar até o seu último suspiro. Todos os seus órgãos acabarão deixando de funcionar, e ele morrerá. Os enfermeiros vão mantê-lo o mais confortável possível, mas o objetivo não é que ele viva. Essa é a verdade nua e crua sobre esse tipo de tratamento.

Nós escolhemos que os cuidados paliativos seriam em casa. Parecia ser a forma mais natural de morrer. A minha mãe tinha assinado um formulário de DNR (Do Not Resuscitate — Não Ressuscitar), por isso fazia sentido que ela estivesse em casa para os seus últimos dias de vida. Ela ainda teria acesso a uma enfermeira hospitalar 24 horas, uma assistente social e os assistentes de saúde domiciliar também estariam disponíveis. Não apenas seria mais confortável para a minha mãe, como seria mais conveniente para a família e os amigos que quisessem vir e passar tempo com ela. Era uma forma de ela poder morrer pacificamente. Mas o objetivo continuava a ser a morte.

Como eu era a única que realmente sabia usar a internet, fiz uma pequena pesquisa sobre o que a morte por câncer faria ao corpo dela — a pedido da minha família. Eu tentei muito educá-los, mas eles não estavam prontos para aceitar a verdade, a verdade sobre a minha mãe. Li que, em determinado momento, ela pararia completamente de comer. Também que, em certo ponto, a urina dela iria se tornaria de um tom castanho enferrujado. E ainda que em algum estágio ela não seria capaz de andar sozinha.

Li todos os artigos que consegui encontrar sobre como as pessoas morrem de câncer. Imprimi tudo o que encontrei na internet e coloquei na nossa cozinha, numa pasta rotulada: "Coisas que precisamos saber sobre o câncer da mamãe", para que todos pudessem ler facilmente. Ninguém leu. Eles se recusaram. E a minha mãe cansou de dizer não às pessoas que tentavam fazer com que ela comesse ou bebesse. Mamãe faria tudo o que você quisesse se significasse que você iria embora. Essa era a nossa piada interna. "Estou só divertindo aqueles tolos, Ty. Como se a comida fosse tornar essa merda melhor", ela me sussurrava. Ela revirava os olhinhos para mim sempre que sua irmã tentava fazer com que ela comesse. Uma vez foi frango frito quente e suculento com fatias de batata cobertas de molho picante e ketchup. Aquela era uma situação patética, por isso levantei e fui embora!

...EU SÓ QUERIA QUE A MINHA MÃE FOSSE EM PAZ.

Antes de xingar a minha tia, eu disse a ela tudo o que a minha mãe queria, mas era educada demais para dizer. "Pare", eu disse. "Isso é ridículo, você não sabe que ela tem linfoma na fase quatro? Ela tem câncer! Ela vai morrer. Que se foda! Vamos todos morrer. Se não for hoje, talvez amanhã, ou talvez no dia seguinte, porra! Mas a minha mãe vai morrer!" Bem, talvez eu a tenha exagerado um pouco. Enfim... Deixei que as palavras ficassem no ar um pouco antes de seguir pisando duro pelo corredor e sair pela porta dos fundos. Claro que bati a porta intencionalmente quando a minha tia correu atrás de mim. Acabei de perceber que não falo com ela desde aquele dia. Tenho certeza que ela está à espera de que eu peça desculpas. Bem, se você estiver lendo este livro, tia B, me desculpe!

Mas eu só queria que a minha mãe fosse em paz. Era o mínimo que podíamos fazer por ela. Todos nós tínhamos estado debaixo das asas dela (incluindo o meu pai) durante a maior parte da sua vida adulta. Estava na hora de nos separarmos. Eu queria que ela pudesse desfrutar da família e dos amigos que amava enquanto ainda lhe restava um pouco de tempo. Desejava que ela pudesse ser má com todos os idiotas irritantes (mesmo que isso significasse ser má com sua irmã também). Ela merecia isso. A minha mãe tinha feito o que o meu pai lhe pediu para fazer: lutou contra o câncer. Ela lutou contra o câncer apesar de querer viver os seus dias sem o tratamento. Ela lutou contra o câncer por ele. E o que ela ganhou por lutar? Mamãe ainda estava morrendo. Eu queria que ela pensasse nela primeiro. Eu queria que tivesse um pouco de paz antes de nos deixar. Não era o mínimo que podíamos fazer?

Ter de deixar alguém ir é difícil. É difícil imaginar a sua vida sem eles. Mas isso é egoísmo. E eu percebi que não podia ser egoísta. Tive de deixar a minha mãe ir em paz.

VIVER E AMAR INDEPENDENTEMENTE

Aprenda a viver de forma independente.

Não deixe que as experiências passadas da sua família...

definam você.

Eles apenas fazem parte de um capítulo...

do seu livro.

Afaste-se do ódio disfarçado de amor.

Perceba que até a sua família

pode ser tóxica para você.

Não julgue a sua família pela incapacidade de amar você.

Ame...

não importa

onde eles estão

na própria jornada.

3
A arte de perder

DOR VERSUS SOFRIMENTO

Em algum ponto da segunda rodada de quimioterapia da minha mãe, eu aprendi a diferença entre dor e sofrimento. O meu sofrimento me ensinou que se pode sentir dor sem ter de sofrer. A dor é inevitável. O sofrimento é opcional. A dor é apenas uma parte da natureza. O sofrimento é aquela dor casada com uma resistência constante. Eu acredito que, se você está realmente enfrentando a adversidade e lutando para processar sua dor, tem de se permitir acabar com o sofrimento. Tem de estar bem com o fato de que pode sofrer sempre por causa da sua perda. Ter sempre dor na sua vida não significa estar sofrendo, ou ter que sofrer. A sua aceitação não é igual à aprovação. Essa foi uma das primeiras lições que aprendi depois da morte da minha mãe. Acredite ou não, todos nós escolhemos experimentar todas as emoções pelas quais passamos. Todos optamos por ser felizes. Todos escolhemos estar entusiasmados. Todos preferimos ser temerosos. Todos decidimos ser loucos. Mas a dor é um sentimento que vem como resultado de algo traumático que acontece (e uso essa palavra muito vagamente).

O sofrimento é a reação emocional que *escolhemos* deixar acontecer como resultado da nossa dor.

A DOR É INEVITÁVEL.

"Transformamos a dor em sofrimento, acrescentando-lhe todo o tipo de crenças, interpretações e julgamentos."
Brenda Shoshanna, autora de *The Zen Road to Happiness: Simple Steps to Attaining Peace of Mind*

A menina mimada que há em mim adoraria dizer que você pode impedir que a dor infeste a sua vida. Gostaria também de dizer que aqueles unicórnios e fadas são reais e não apenas personagens fictícios das mentiras que contamos aos nossos filhos na hora de dormir. A verdade é que a dor é normal, e não importa o quanto você pense que pode proteger seu coração, sempre experimentará algum nível de dor. Faz parte de ser humano. Em um nível muito básico: quando você cai, você machuca a perna. Você sente dor. A próxima parte da sua jornada deve ser aprender como reparar a dor. Mas em vez disso, muitas vezes jogamos sofrimento na mistura das nossas emoções. O sofrimento é toda aquela camada nojenta que sobrepomos em cima da nossa dor para que ela faça sentido para o nosso cérebro. O "não posso acreditar que isto está acontecendo comigo outra vez". Ou o "este tipo de merda só acontece comigo". Isso, meus amados, é sofrimento. É o comentário absurdo que as vozes dentro de nossas cabeças nos recitam com frequência suficiente para que comecemos a acreditar que é verdade. E porque somos humanos e os sentimentos dominam o mundo, pensamos que a "história" ou o "sofrimento" é a parte mais importante da viagem, em vez de possuir a emoção e seguirmos em frente.

Ver a minha mãe fazendo quimioterapia foi mais do que difícil, porque eu sabia que ela estava com muitas dores. Houve momentos em que ela nem conseguia enxergar. O tumor tinha se espalhado por cima de um dos seus olhos, e ela acordou uma manhã e não conseguiu abri-lo. E quando ela podia ver, tudo tinha o sabor do que ela chamava de "um quarto brilhante novinho em folha" (leia-se: quando você tem câncer as coisas podem começar a ter gosto de metal). Durante os últimos quatro meses de vida, mamãe não estava comendo nada, mas (e isso é fato) ela ainda estava liberando décadas de fluido que ainda estavam em seu corpo. No entanto, de alguma forma, ela recusou-se a sofrer e conseguiu sempre sorrir através da dor.

Ela estava no hospital há algumas semanas, e eu tinha de me certificar que avisara o pessoal sobre suas condições "especiais". Elas não eram, tipo, realmente especiais, eram apenas todas as coisas que os enfermeiros normalmente se esquecem ou deixam passar, porque recebem uma mixaria e pó de fada. Assim, todas as noites, antes de ir para casa, eu deixava uma nota na ficha dela com todos os detalhes que precisavam saber. Ela odiava gelatina. Ela queria muitas lascas de gelo, mas sem água (porque sabia que eles não voltariam por horas, então ela deixaria o gelo derreter). E a nota mais importante que sublinhei e escrevi em letras maiúsculas para as enfermeiras foi: "SE NÃO CONSEGUIR A INTRAVENOSA, CHAME O MÉDICO DELA". As veias da minha mãe eram tão pequeninas que muitas vezes gostavam de brincar de esconde-esconde com as agulhas da enfermeira. Fiz questão de explicar isso a todos. Isso não era por causa do câncer. É apenas genética, porque as minhas veias são igualmente irreverentes. E essa irreverência torna difícil a colocação de soro.

Um dia, encontrei uma enfermeira frustrada e quase irada, que lutava com o pulso da minha mãe. Sendo clara: eu basicamente enlouqueci. Minha mãe, por outro lado, não estava pirando o suficiente, na minha opinião. E se ela estivesse planejando surtar, estava demorando demais. "Vamos dar um descanso para os braços dela, você pode voltar um pouco mais tarde!" Eu disse com a voz mais desdenhosa que pude encontrar no fundo da minha alma. Mas a minha mãe, que fazia parte do grupo dos gentis, sorriu apesar da dor e disse: "Está tudo bem, vamos tentar mais uma vez!" Esse mais uma vez se transformou num fracasso sujo, sangrento, com muita vermelhidão nos pulsos da minha mãe. Havia sangue nas almofadas que eu tinha acabado de trazer de casa, nos lençóis do hospital e no cabelo dela. Brincamos sobre isso mais tarde, naquela noite, enquanto eu tentava limpar o sangue seco de seu cabelo. Piadas e risos eram como a minha mãe lidava com a dor. Ela não era uma grande fã de sofrimento.

A minha mãe era do tipo "as coisas são o que são" e "o que tiver de ser, será". E foi assim que ela nos criou. Ela só não entendia de se queixar pelo sofrimento. Foi alguns anos depois de Pedrita ter morrido, e eu estava de novo presa aos meus sentimentos. Tive outro ataque de pânico infantil, desejando ter o meu pássaro de volta. Eu estava hiperventilando enquanto andava para cima e para baixo pelo nosso corredor, fazendo beicinho e basicamente deixando meu rio de lágrimas ganhar vida. Minha mãe estava no meio de uma faxina, então eu meio que sabia que estava no caminho e incomodando a rotina de domingo dela. Mas eu queria o meu pássaro de volta. Quando passei por ela pela enésima vez, ela bateu com o esfregão no balde de água e gritou sem raiva: "Olha, o pássaro desapareceu! Não há nada que você ou eu possamos fazer. Por favor! Você só precisa parar de pensar naquele pássaro e seguir em frente. Simples! Está me ouvindo?" Quando ela se zangava comigo, as suas palavras sempre me abalavam profundamente. Então tristemente balancei um "sim" com a cabeça e passei a brincar com a minha boneca Kid Sister, porque (1) recusei me submeter de bom grado a uma surra, e eu sabia que esse seria o próximo passo se continuasse "testando a paciência dela" e (2) ela estava certa!

O sofrimento é como uma forma de tortura autoinduzida, que permitimos que as nossas mentes suportem. Não surpreendentemente, alguns de nós fazem isso diariamente. Eu podia me sentar e pensar no quanto sinto falta da minha mãe e como não conseguimos passar mais tempo juntas antes de ela morrer. Mas vou sentir sempre a falta dela. Isso é um fato que não posso mudar. A minha mãe tinha apenas 58 anos quando morreu. Ela não poderá me ver fazendo muitas coisas, e perderá o que acho que serão os meus melhores anos. Ela não conseguiu me ver casar, embora eu ainda não seja casada (olhe para o meu namorado para ter as respostas!). Ela não viu o meu filho se formar no ensino médio. Ela não vai ler o meu primeiro livro. Há tantos "ela não vai" em que eu poderia focar. E, honestamente, não sou perfeita nessa merda de luto, mas sabe por que não posso me permitir sofrer? Tenho tido tanto medo de que se eu fizer isso, se pensar constantemente no "ela não vai", então não serei capaz de me lembrar das grandes coisas do nosso mundo. E, meu Deus, nós vivemos tantas coisas grandes! Havia as nossas noites de cinema em família. Sempre foram épicas para mim, principalmente pelo alívio cômico que o amor dos meus pais pelo cinema e pelo sono me oferecia. Ambos adormeciam e, de alguma forma, acordavam magicamente sempre que eu ou meu irmão tentávamos mudar de canal. Maldição! Eu gostaria que as mídias sociais existissem naquela época, porque aquela batalha deveria ter sido capturada e compartilhada na internet. Acho que se tornaria viral. Nos sábados especiais (minha mãe declarava quais eram os especiais), passávamos quase uma hora no carro para jantar em Delaware. Lá era onde estavam os shoppings e restaurantes mais próximos. E mesmo que o meu pai tivesse medo da viagem, era lá que passávamos os nossos sábados sempre que a minha mãe pedia para jantar fora. A minha mãe adorava o Red Lobster, e o meu pai adorava a minha mãe.

São essas memórias que me impedem de deixar a minha dor transitar para o sofrimento. E por causa disso, sofrer simplesmente não é uma opção para mim. E também não devia ser para você. O sofrimento ocupa um espaço valioso que as minhas memórias já reivindicaram.

NÃO DEIXE QUE A CULPA SUFOQUE VOCÊ...

Mas depois de finalmente ter ensinado a mim mesma a parar de sofrer, eu ainda tinha trabalho a fazer. Tive que deixar de me sentir culpada. Eu tive que me libertar do fardo de culpa que a maioria dos enlutados carrega, sempre que alguém que amam morre. De vez em quando, volto a repetir o último desentendimento que a minha mãe e eu tivemos. Nós discutimos sobre quem cozinharia a massa para o jantar, ela ou eu? Eu sei, eu sei, repetir esse momento na minha cabeça é permitir o "sofrimento", e eu disse que não devíamos fazer isso. Mas garanto que todas as coisas que digo para você não fazer (ou para fazer) neste livro são realmente apenas lembretes para mim.

"A culpa é talvez a companheira mais dolorosa da morte."
Coco Chanel, estilista

Tenho quase certeza de que a minha mãe pensou que eu não sabia cozinhar. O que é uma suposição justa, e meio imprecisa, já que ela nunca me mostrou realmente como fazê-lo (insira aqui o meu biquinho infantil). Mas eu posso seguir qualquer vídeo simples de canais de culinária do Youtube. A minha mãe não me ensinar a cozinhar não foi realmente culpa dela. Ela simplesmente não podia. Ela adorava fazer as coisas por nós. O objetivo dela era mimar o meu pai, o meu irmão e a mim. A família era a sua primeira prioridade. Ela sempre teve que cuidar de sua família, e cozinhar era um de seus deveres. Então, cresci só *assistindo à* minha mãe cozinhar. Assim, tudo o que pude fazer foi cortar os legumes usando a tábua das propagandas chiques de TV, cozinhar e descascar alguns ovos, ou entregar as coisas para ela. Apesar de eu querer ajudar, ela nunca me deixou. Porque ela era uma controladora, e tinha que fazer as coisas à sua maneira o tempo todo, e eu era a sua pequena *sous chef*. Como tudo o que fiz foi vê-la cozinhar, eu sabia tudo o que havia para saber sobre como a minha mãe cozinhava. Sempre me surpreendia como as coisas tinham sempre o mesmo sabor, apesar de ela não usar copos de medição nem livros de receitas. Adotei os seus métodos como adulta, e sei que é cozinhar por gosto. Ela adicionaria uma pitada disso ou daquilo, e se não tivesse o gosto certo para ela (ou para mim ou para o meu pai) ela adicionaria um pouco mais disso ou daquilo. Então eu sabia exatamente como cozinhar todas as coisas que ela cozinhava, como a massa.

Já havia algumas semanas que ela estava em casa em tratamento paliativo. Eu percebi que ela estava cansada. Ela tinha tentado cozinhar e limpar no dia anterior e tinha falhado. Mamãe estava chegando ao ponto em que se sentar era quase uma luta. Cozinhar para a família estava fora de questão. Decidi que queria fazer o jantar para nós. Eu estava na cozinha cortando os legumes e cozinhando a carne moída quando ela entrou de rompante. Ao contrário dela, eu sou multitarefa. "O que você está fazendo?" gritou ela. E eu: "Dã, mãe, eu estou cozinhando."

...ESTE SERIA O ÚLTIMO DESENTENDIMENTO QUE TERÍAMOS.

(Mas eu ainda sou filha dela, então isso foi apenas um pensamento. Não me atrevi a desrespeitá-la, mesmo na casa dos trinta.) Fiz uma voz entre doce e educada e disse: "Estou fazendo a massa para o jantar." Quando os meus lábios soltaram essa última palavra, pensei imediatamente comigo mesma: isso vai dar discussão. Tentei deixar para lá, como faria com a maioria das nossas discussões entre mãe e filha. Mas essa foi diferente. Quase parecia que a minha mãe sabia que esse seria o último bate-boca que teríamos. Então agora eu gritava, e ela gritava. Estava lutando contra as lágrimas, ela ainda estava gritando. A minha voz começou a tremer enquanto cuspia o meu raciocínio de por que eu conseguia fazer aquilo. Senti-me como uma adolescente burra, excessivamente emocional. Tipo, mãe, é apenas uma massa cozida! Mas depois ela enfia o dedo na ferida e diz, se lamentando: "Talvez eu não esteja aqui no ano que vem". Era como se ela estivesse fazendo seu último show, e simplesmente largou o microfone e saiu do palco. Isso magoou todo o meu ser.

As palavras dela arrancaram a minha alma do meu corpo.

Mas assim que ela colocou o ponto final na sua fala, voltou para a sala e deitou-se na sua cama de hospital, quase como se nada tivesse acontecido. Como se ela tivesse ganho. Entretanto, eu lutei contra a crise de choro com toda a energia que me restava. Não consegui. Desmoronei em cima do queijo cheddar branco e do macarrão orgânico.

Tivemos muitos bate-bocas, mas repito muito esse na minha cabeça, porque representa o quanto a minha culpa pode ser prejudicial para mim mesma. Quando a culpa aparece durante o luto, é uma resposta emocional normal, mas desnecessária. Temos essa percepção de que de alguma forma falhamos naquilo que pensamos ser os nossos deveres ou obrigações para com a pessoa que morreu. Sim, era apenas macarrão cozido, mas esse argumento representava todas as disputas que já tivemos. E, agora que ela estava morrendo, nenhum deles nunca valeu a pena.

Ela estava certa. Esse poderia ter sido nosso último desentendimento (e foi), então entrei na sala pronta para pedir desculpas. Foi a primeira vez que lhe disse realmente o quanto a amava e que não queria que ela morresse. Quer dizer, eu tinha acabado de firmar o meu pé e estava começando a criar um espaço próprio neste mundo. E agora ela estava me deixando, e eu tinha que resolver isso sozinha. Ah, de jeito nenhum! Quer dizer, foi na semana anterior que eu tinha até decidido crescer (apesar de ter 36 anos).

Ser adulta era algo realmente novo para mim, e eu estava ansiosa para mostrar à minha mãe que sabia o que estava fazendo. Que eu podia fazer as coisas sozinha. Ela perderia tanto da minha nova vida adulta. Finalmente confessei o que acho que ela já sabia: havia uma grande parte de mim que estava lívida e ressentida, por ela ter esperado tanto tempo para procurar tratamento. Minha mãe sabia que algo estava errado, mas deixou o medo invadir o seu juízo. Ela estava extraordinariamente cansada e doente desde o início daquele ano. Ela dizia sempre que não estava se sentindo bem. Quantos dos seus entes queridos já disseram isso? Eu disse-lhe tantas vezes para ir ao médico. Eu quase implorei. E, quando ela finalmente foi, tinha um linfoma na fase quatro. Eu estava tão emotiva. Eu soltei tudo isso. E depois limpei as lágrimas do meu rosto e terminei a nossa discussão com um lembrete do quanto eu estava chateada porque ela mentiu sobre aquele "maldito pássaro".

Olhando para trás, sei que aquela parte da discussão com a minha mãe, aquela sessão de conversa sem julgamentos, era exatamente o que eu precisava para não sentir aquele fardo de culpa. Numa altura, em que ela estava mais vulnerável, consegui ser completamente transparente com ela. E acredito que significou tanto para ela quanto para mim.

...EU FIZ O MELHOR QUE PUDE...

Tal como você, já tive a minha cota de "e se", "deveria ter" e "e se eu tivesse feito um trabalho melhor com (preencha a lacuna)". Às vezes, me pergunto se devia tê-la deixado cozinhar aquele macarrão. Mas a verdade é que... Fiz o melhor que pude, dadas as circunstâncias. Mesmo no meu pior, era tudo o que me restava para contribuir para parte da nossa jornada. E eu tinha que acreditar nisso ou me torturaria de tanto pensar no que poderia ter feito agora que sabia como as coisas tinham se desenrolado, o que todos nós sabemos que não prova absolutamente nada. Infelizmente, nós pensamos muito nesse tipo de coisa no início do nosso luto. Siga este conselho como uma regra de ouro: se você puder ser verdadeiramente honesto consigo mesmo e com o seu ente querido, então o processo de "deixar ir" não vai durar tanto tempo.

O QUE ACONTECE DEPOIS DE SE DESPEDIR?

Quando os médicos tentaram tanto a quimioterapia quanto a radiação e nada estava funcionando para matar as células cancerígenas, minha mãe foi forçada a tomar uma decisão difícil. Depois de convencer meu pai que era o melhor para ela, foi mandada para casa em tratamento paliativo. Os médicos inicialmente deram-lhe duas ou três semanas de vida, no máximo. Eu tentei começar o processo de desprendimento mentalmente. Pensei que seria mais fácil para mim se eu aceitasse o fato de ela estar morrendo. Por que lutar contra isso, certo? "As coisas são o que são e o que tiver de ser, será", como diria minha mãe. Então eu ajudei a escrever o seu testamento. Na primeira semana em casa com ela, escrevi e revisei o seu obituário. E apesar de a minha mãe ter sido cremada, o meu pai teve que fazer um funeral. Por isso escolhi algo para ela usar no velório. Como sua filha mais velha, senti que era minha responsabilidade fazer com que todos soubessem o que minha mãe queria em seus últimos dias e mais além.

EU PAREI DE REZAR PARA QUE ELA VIVESSE...

Mas o último dia dela não chegou em duas ou três semanas como os médicos tinham prometido. Ela ficou em casa com o serviço de tratamento durante quase quatro meses. Comecei a pensar que ela não iria mesmo morrer e que tudo aquilo era apenas um longo episódio de um reality show de pegadinhas. Eu parei de rezar para que ela vivesse e comecei a rezar para que morresse, porque ver o câncer atormentando o seu corpo era horrível. A pele dela estava cinzenta e parecia o interior de um sapato de camurça gasto. Era esquisito tocá-la. O seu lindo cabelo cinza tinha sido substituído por crostas castanhas escuras. De vez em quando, ela implorava para que o meu pai a abraçasse, porque tinha medo de se soltar, mas acho que ela sabia que precisava. Tudo o que fisicamente a tornava minha mãe tinha desaparecido. Vê-la assim fez do meu "processo de deixar ir" uma tarefa incômoda de ser concluída. Tornei-me desapegada. Eu estava passando por uma grave crise de identidade. Num minuto eu era sua filha amorosa, que não desejava nada mais do que tê-la viva para sempre e sempre, e então, em apenas segundos, eu me tornei uma completa estranha a essa dor, porque sabia que morrer dessa maneira era cruel, e eu só queria que acabasse. Eu estava emocionalmente carregada e completamente esgotada ao mesmo tempo. Quando a minha mãe finalmente morreu, eu estava fria e isso não me incomodava. Fiquei aliviada pela tortura ter acabado. Mas depois percebi rapidamente... acabou.

De repente, eu não conseguia respirar! Era um fato (para mim) que o mundo tinha virado do avesso em 28 de abril de 2013. Cada dia era uma tarefa derradeira de se completar. Eu abria os olhos e me deitava na cama durante horas. Às vezes, simplesmente acordava em lágrimas. Houve dias em que me sentava em silêncio, incapaz de falar. Tudo na minha vida se tornou tão difícil de fazer sem a minha mãe. De repente, eu precisava dela para tudo. E depois, é claro, tudo de bom que poderia acontecer para mim, aconteceu. Eu estava no *Today Show*. Eu estava sendo paga para viajar e ver o mundo. E depois a vida serviu-me com o bolo mais agridoce: Fui apresentada em todas essas revistas pelos cabelos grisalhos que ela me ensinou a amar sem vergonha. O cabelo da minha mãe sempre foi invejado pelas mulheres da cidade onde cresci. Era algo como um velho filme em preto e branco de Hollywood. A minha mãe foi a minha primeira visualização do que era belo. Eu sempre me vi nela, e secretamente queria crescer para ser igual a ela. Assim, queria que ela soubesse que eu tinha finalmente chegado ao lugar que disse que chegaria: aquele lugar de confiança e de não dar a mínima, uma vez que você já passou de certa idade. Eu estava lá, e queria ligar para lhe contar. Mas eu não consegui. Embora eu estivesse confortada com textos inspiradores — da minha família e de amigos e e-mails aleatórios assinados com citações sentimentais e escritos dos leitores do meu blog —, eu me senti completamente só. Eu queria gritar e me desmanchar em pedaços.

EU ME DEI PERMISSÃO PARA ME PERDOAR.

Eu gritei! Decidi que para sobreviver (e não sofrer) eu tinha que gritar. Deus, eu gritei tão alto. Eu chorei tanto. Eu tinha que me dar permissão para gritar, chorar, fazer beicinho e recomeçar esse processo, se precisasse. Tive de me permitir ter saudades loucas dela, porque tenho. Tive de me autorizar a me sentir irracionalmente só sem ela, porque me sinto. Eu tive de me liberar para ser totalmente compassiva comigo mesma, porque sou. Eu tinha passado os últimos seis meses da vida dela, das nossas vidas, sendo uma de suas cuidadoras. Eu era a única que conseguia fazê-la engolir todos os seus remédios sem ficar nervosa com o mundo quando a sua garganta desistiu. Assegurei-me que os seus pequenos lenços de cabeça africanos estivessem bem apertados e alinhados sempre que ela tinha companhia em casa. Eu cortei e pintei suas unhas tortas por causa do câncer enquanto víamos *stories* do Instagram juntas, mesmo que ela adormecesse em vinte minutos. Eu me permiti me perdoar. E me perdoei por não a ter deixado cozinhar o último macarrão para a família dela. Eu me perdoei por todas as mentiras que lhe contei. E decidi tomar conta de mim, porque a minha mãe já não estava aqui para fazer isso.

Eu sei que todos nós lamentamos de forma diferente. A minha história não é a sua, mas o que sei ser verdade é: todos nós temos dias bons, dias não tão bons, e alguns dias realmente horríveis. Prometa-me que fará um favor a si próprio e se dará permissão para chorar sempre que sentir que precisa, porque é assim que você se despede. Prometa-me que você não se importará em se perdoar nas situações que desencadeiam uma crise (a minha era o uso da palavra "mãe"), porque é assim que você se despede. Sempre que o seu sofrimento for insuportável, perceba que esse momento é seu. Então desligue seu telefone, recuse de coração as intromissões, e ame a si mesmo como sabe que seu ente querido gostaria que você fizesse.

PASSE PELO LUTO NOS SEUS PRÓPRIOS TERMOS

Perceba que, quando se está cuidando de doentes terminais...

...o que você dá a todo momento é 100% do seu melhor.

Não deixe que a culpa sufoque você.

Recuse educadamente o amor que você não pode suportar de seus amigos e família.

Fique de luto...

...nos seus próprios termos.

A dor é uma característica incorporada.

Não há como fugir...

...Por isso, não organize a história da sua vida em torno de contratempos.

Em vez disso, conte intencionalmente uma história de felicidade desregrada.

4
A forma do luto

BOM LUTO: QUAIS SÃO AS CINCO FASES DO LUTO E QUANTO TEMPO DURAM

"O luto nunca acaba... mas muda. É uma passagem, não um lugar para ficar. O luto não é um sinal de fraqueza, nem de falta de fé... É o preço do amor."
Anônimo

Quando se experimenta a morte pela primeira vez, especialmente a perda de um dos pais, há um vazio. Foi com esse vazio que acordei todas as manhãs depois que minha mãe... morreu. Foi a última coisa que senti antes de ir dormir. É algo de que estou consciente durante todo o meu dia, quando paro de fazer coisas para me distrair e não pensar no vazio. Esse vazio é perfeitamente explicado na pesquisa feita pela psiquiatra suíça Elizabeth Kübler-Ross. Experimentei *cada uma* destas emoções quase dez vezes e sem nenhuma ordem em particular.

Negação.
Raiva.
Barganha.
Depressão.
Aceitação.

Negação. Essa emoção foi algo que não veio imediatamente à tona em mim. Até me sinto um pouco culpada ao escrever isso, mas sabia que a minha mãe iria morrer. O fato tinha se tornado uma realidade para mim. Há algumas partes dessa viagem que eu simplesmente esqueço. Não me lembro bem do funeral. Eu só me lembro de não querer estar lá. A minha mãe estava sendo cremada. Pensei que toda a provação de ter de fazer um funeral só para a família ficar bem era algo estúpido, por isso, depois de ter recitado o meu poema, fiz beicinho e me sentei. E é tudo o que consigo lembrar.

Mas me recordo do verão de 2012 como se tivesse acontecido esta manhã. Era meados de julho e eu tinha voltado para casa, em Maryland, para visitá-la; principalmente para provar os seus infames bolinhos de siri. Isso era uma tradição de verão para mim. Eu estava um pouco preocupada antes de chegar lá. O meu pai já me tinha dito que ela não tinha comido mais do que alguns biscoitos salgados nos últimos trinta dias, o que eu sabia que era estranho porque ela adorava cozinhar para nós, tanto quanto adorava comer conosco. Mas mamãe sempre trabalhou demais, e por muito tempo, então pensei que talvez ela precisasse de algum descanso. Quando cheguei em casa, apesar de não me sentir muito bem, a minha mãe ainda conseguiu melhorar o dia todo por causa de uma frigideira quente e amanteigada de ferro fundido para fazer os meus bolinhos de siri. Por isso, esperei que fosse apenas algo passageiro.

No entanto, apenas alguns dias depois ela foi diagnosticada com um linfoma na fase quatro. A devastação na voz do médico, no dia em que ele previu o destino da minha mãe, foi ensurdecedora. Era o som da desesperança. Eu podia ver o médico falando, mas não consegui ouvir nada. As suas palavras eram paralisantes, mas cheias de poder. Não havia nada naquele momento que me levasse a acreditar que ela sobreviveria à batalha contra o câncer. Então, como você pode ver, eu tinha preparado a minha mente e o meu coração desde o momento em que o médico disse: "Pode nos dar licença? Eu preciso falar com a sua mãe em particular."

...O CÂNCER ESTAVA ROUBANDO A MINHA MÃE...

Mas a negação atingiu o meu pai forte e rapidamente. Lembro de andar no carro com ele, voltando de uma de suas visitas ao hospital. Foi, talvez, na terceira semana da minha verdade de "o câncer está roubando a minha mãe e eu odeio a vida!" quando meu pai disse: "Vou salvar a minha namorada." Ele a chamava assim, às vezes. Era uma das muitas coisas que eu adorava na relação deles. Depois de ele ficar limpo, eles estavam apaixonados novamente. Crescendo, foi algo bom de se ver. Fez com que eu acreditasse no amor de uma forma que os outros não entendiam. E o meu pai estava orgulhoso desse amor. Enquanto eu falava dos tratamentos de quimioterapia da minha mãe, apresentei algumas alternativas; ele me interrompeu antes que eu pudesse terminar de falar e disse: "Você simplesmente não entende, Ty. Porque nunca amará a sua mãe como eu amo!" Eu parei de ouvi-lo.

Pausa!

Porra. Os meus sentimentos foram feridos. Eles estão feridos! Eles ainda doem até hoje. Foi uma declaração que cortou as entranhas do meu coração em pedaços minúsculos e me deixou pensando em como ele poderia pensar que o meu amor pela minha mãe era inferior ao dele. Mas... acho que a verdade é que ele a conhecia há mais tempo. A verdade é que o amor dele *era* mais forte. A verdade é que o amor dele *veio* primeiro. E acho que por causa desse amor superior em que ele acreditava, ele não conseguia largá-la. O seu amor o manteve em negação, e eu ainda estou à espera do meu pedido de desculpas.

Para mim, a negação mostrou as suas verdadeiras cores no meu primeiro aniversário sem a minha mãe. Como em cada aniversário, eu estava muito entusiasmada para ouvir a minha mãe. Era o nosso tradicional telefonema anual que realmente nunca durava mais do que dez minutos. Mas sempre soube que acabaria com a minha mãe dizendo: "Amo você" e "Até logo". Lembro de esperar horas. Perto do fim do dia eu estava quase em lágrimas, louca pra caralho, pensando por que a minha mãe ainda não me telefonou.

Eram talvez quatro horas da tarde quando o meu telefone tocou. Era o meu filho ligando para me desejar um feliz aniversário. O meu filho lidou com a morte da minha mãe tal como eu lidei, sossegado e dentro de si. Eu queria abraçá-lo e encher o coração dele de abraços e beijos. Ele prometeu me ligar em todos os aniversários, tal como minha mãe fizera. O meu coração afundou até os meus dedos dos pés. Percebi, mais uma vez, que a minha mãe tinha morrido e que nunca mais me telefonaria.

Aqueles momentos em que me esqueço que ela se foi acontecem com frequência suficiente para foderem o meu juízo todo. São esses momentos que fazem com que a minha negação seja o catalisador da minha raiva.

Raiva. Desde o momento em que o médico disse: "Pode nos dar licença? Eu preciso falar com a sua mãe em particular." Comecei a questionar por que isso tinha que acontecer *comigo*! À *nossa família*. À *minha mãe*! Já não tínhamos passado pelo suficiente? Eu mal tinha perdido o "desgosto" pelo período do meu pai no centro de reabilitação quando era criança, eu estava a apenas dois segundos de não ter mais ciúmes da atenção que meu irmão recebia por ter anemia falciforme, e agora, quando eu finalmente estava fazendo algo por mim, como escritora, Deus tinha decidido que era hora da minha mãe ter um lugar no Andar de Cima. Finalmente tenho algo de que ela podia se orgulhar, mas já não estava mais aqui. Quero dizer: merda, há um monte de mães negligentes e horríveis neste mundo. Por que é que Deus teve que levar a minha? Nada disso fazia sentido para mim.

Por favor, desculpe-me, a minha mãe acabou de morrer...

No primeiro ano sem a minha mãe eu dei um aviso. Esse aviso foi para todos os que conhecia, todos com quem entrei em contato. Aos meus colegas de trabalho, ao meu namorado, até a estranhos na rua. E foi simples. Sempre que as minhas emoções se desencadeavam e eu queria que o processo de luto acabasse, dizia: "Por favor, desculpe-me, a minha mãe acabou de morrer e eu estou furiosa pra caralho!"

Ainda me encontro zangada em algumas noites. Depois do meu dia terminar e de algo fantástico ter acontecido, só quero contar para ela. Mesmo nos dias em que nada realmente acontece, tudo o que eu realmente quero fazer é ouvir a voz da minha mãe novamente. O que mais sinto é falta da voz dela. Quando ela morreu, eu ligava para a casa dos meus pais só para poder ouvir a voz da minha mãe na secretária eletrônica. Então eu desligava. O meu pai acabou por desligar o serviço telefônico, por que quem tem telefone fixo em 2016, certo? Assim, lá se foi aquela obsessão tortuosa. Não poder falar com ela, às vezes, me deixa zangada. Muitas vezes, na verdade. Não fui para casa tantas vezes quanto devia, mas falar ao telefone era o nosso forte. Falávamos ao telefone durante horas. Bem, ela falava e eu ouvia. A cada dois minutos, eu dizia uma palavra ou duas para que ela soubesse que eu ainda estava lá e ainda ouvia. A minha mãe adorava me ligar para falar do dia dela. Falava de todas as loucuras que aconteciam pela casa, contava do que comia e das novas receitas que precisavam ser ajustadas. Às vezes, ligava só para recapitular as novelas. Ela sabia que eu não assistia, mas isso não importava. Ela só queria conversar. Sinto profundamente a falta desses telefonemas. E, às vezes, sentir a falta dela me deixa furiosa.

...Eu realmente implorei a Deus...

Barganha. Quando os médicos e minha mãe decidiram que seria melhor não combater mais o câncer, entrei imediatamente em um ônibus de Nova York para Baltimore. Na época, eu não sabia completamente o que era um tratamento paliativo, por isso quando a minha mãe me disse que iria para casa, pensei que talvez ela morreria dentro de algumas horas. Foi a primeira vez que realmente implorei a Deus por algo. Foi a primeira vez que realmente orei por algo e realmente quis que acontecesse. Quer dizer, eu já tinha rezado para entrar na equipe de torcida, também para que Deus fizesse com que os médicos do parto voltassem e pegassem meu irmãozinho, mas nada disso era importante. Agora, eu estava pedindo que um problema real fosse resolvido.

Pedi a Deus e perguntei se podia ter a minha mãe aqui comigo só mais um pouco. Chegou o Natal. O meu pai colocou todas as nossas decorações tal como ela teria feito. A minha mãe ainda estava conosco. Como Deus respondeu às minhas preces daquela vez, tentei novamente logo após as férias. Orei muito naquela noite. Fechei bem os olhos e usei a minha melhor voz: "Sou cristã e mesmo que não vá à igreja, por favor, Deus, me ajude." Perguntei a ele se podia ficar com ela só mais um pouco, talvez até o aniversário dela, em janeiro. Chegou o aniversário de mamãe. Celebramos com balões e algum bolo, que ela não conseguiu saborear, porque o câncer é uma merda. Mas ela ainda estava aqui. Então fiz *outra* oração, perguntando se poderia ficar com ela até meu filho terminar o ensino médio. Talvez Deus soubesse que eu estava sendo gananciosa e que estava mendigando por mim mesma. Ela morreu em abril. A negociação tinha acabado.

Depressão. Cara, escuta. Depressão... bem, vem e vai e vai e vem. Eu admiti isso a mim mesma quando Karyn Washington cometeu suicídio. Ela tinha 22 anos. Karyn era uma blogueira de moda popular, de Baltimore, Maryland. Ela defendia o reconhecimento de mulheres negras. Senti imediatamente uma ligação com ela, porque tinha passado a minha idade adulta em Baltimore, e o primeiro e-mail dela, para mim, chegou cerca de quatro meses depois de a minha mãe ter falecido. Tal como a minha mãe, a dela estava perdendo a batalha contra o câncer. E Karyn estava se preparando para seus próximos momentos de vida sem a sua rocha. Eu dei algumas dicas. Tipo: não esqueça de tirar fotos de vocês de mãos dadas. Ah, e grave a voz dela para mais tarde (um dos meus arrependimentos!). Nós trocamos e-mails pelo restante do ano de 2013. Eu reli os e-mails dela vezes sem conta com a intenção de voltar a procurá-la, mas nunca aconteceu. O meu próprio sofrimento levou a melhor sobre mim, e nossa conversa cessou completamente. Algumas vezes, via as postagens de seu blog passar em minha *timeline*, mas ela não me procurou mais e, por isso, eu também não a procurei.

Um dia, eu estava em meu ritual matinal: uma viagem profunda pelo Facebook. Depois de saltar algumas atualizações de status, notei um nome familiar: Karyn Washington. Mas aquele post do Facebook não era dela. Li: "Karyn Washington, fundadora do blog *For Brown Girls* e da popular campanha #DarkGirlsRedLip, cometeu suicídio." Fiz uma pausa e saí imediatamente da cama. Eu agarrei meu celular. Talvez o meu telefone estivesse errado! Isto não podia ser verdade. Ao procurar por respostas, ou esperançosamente pelas mentiras, cliquei no Facebook. Fui ao perfil dela e instantaneamente caí em lágrimas. Seus amigos e familiares já tinham começado a deixar suas despedidas e mensagens de tristeza. Chorei mais ainda. Fiquei sem palavras. Acho que foi o dia em que percebi que estava deprimida e não conseguia mais esconder isso. Então, escrevi sobre isso no meu blog. E confessei que Karyn Washington poderia ter sido eu.

Eu ainda penso muito nela. Nunca tive a oportunidade de conhecê-la. Mas ela me impactou de tal forma que eu não podia mais mentir sobre a minha depressão. Lembro-me do quanto estava em frangalhos naquela manhã. Eu zombei da minha depressão e li cada mensagem de despedida que os amigos dela deixaram na sua página do Facebook. Havia milhares. Depois, zombei um pouco mais da minha depressão e li os e-mails que trocamos, repetidamente. Muitas vezes penso no que mais poderia ter dito ou feito por ela. Eu devia ter telefonado. Devia ter pedido para visitá-la. Podia tê-la salvo, pensei.

Antes de aceitarmos a morte, não queremos descobrir a culpa. Sabe, porque nós não fizemos o suficiente. Não dissemos o suficiente. Não sentimos o suficiente. Mas a verdade é que não podia salvar Karyn Washington mais do que podia ter salvo a minha mãe. E esse foi o início da minha depressão. Vai e vem, vem e vai.

Aceitação. Eu tinha deixado a minha caixinha no Brooklyn para estar ao lado da minha mãe em Maryland. Fiquei com ela até suas últimas duas semanas de vida. Fizemos coisas comuns que garotas normais fazem. Droga, nunca tínhamos feito essas coisas como mãe e filha, antes de ela adoecer. As unhas dela estavam crescendo fora de controle, por isso banquei a manicure, pintei-as de uma cor azul Tiffany desagradavelmente brilhante. De alguma forma a convenci a não usar preto. Ela me implorou para ver *Sparkle: O brilho de uma estrela* com ela. E eu assisti. Cinco vezes. A morfina não a deixava ótima, por isso ela acabava adormecendo sempre. Mas ela simplesmente não desistia de terminar o filme. Então, assisti mais cinco vezes enquanto ela adormecia de novo.

Certa manhã, eu estava no sofá, e acordei me sentindo muito vazia por dentro. Eu tinha me perdido em algum lugar. Essa experiência era lenta e estava me matando silenciosamente. A cada dia que se passava era possível ver o corpo dela se derretendo no nada. Minha principal tarefa era ajudá-la a engolir os milhares de comprimidos que tomava apenas para deixá-la confortável. Tudo o que eu sabia ser normal tinha sido bruscamente tirado de mim. Eu estava lutando contra o processo que a minha mãe conhecia como morte... estilo Apollo Creed!

Eu estava farta. A morte estava acontecendo quer eu estivesse lá ao lado da minha mãe ou não. Eu tinha que aceitar que não havia nada que pudesse fazer para salvá-la. Por isso, decidi deixar a casa dos meus pais e voltar para Nova York. Eu disse à minha mãe desde o começo que não podia e não queria estar lá para "o fim". Não queria que a minha última lembrança dela fosse o seu último suspiro. Nunca quis saber como seria isso. Então, disse a ela que a amava e voltaria dentro de algumas semanas. Quando ela foi enviada para casa pela primeira vez, o médico disse que seriam apenas alguns dias ou semanas. Foram três meses muito longos, e eu começava a pensar que estávamos sendo vítimas de uma pegadinha. Duas semanas depois, meu pai e minha avó seguraram as mãos de minha mãe enquanto ela respirava pela última vez e eu estava em Nova York... tentando viver minha vida. A culpa que tive de aceitar, meus queridos, é *tão* real!

Os nossos cérebros são muito mais espertos que os nossos corações. Normalmente, o que ele me lembra é que não posso ligar à minha mãe para lhe dizer que essa síndrome de impostor me deixou toda fodida. Eu teria que lhe explicar exatamente o que isso significa, e essa era a nossa alegria. A nossa relação. Aprendi que a aceitação não significa que estou feliz novamente ou que não estou deprimida. Só quer dizer que não sou tola o suficiente para ligar para o número da minha mãe e esperar que ela responda. Isso ultrapassaria a depressão.

Agora abraço a imortalidade porque, como eu disse, todos nós fomos enganados... todos morrem. Mas o que ninguém diz é que essas fases de luto nunca acabam. Você chora para sempre. Essa é a merda do seu novo normal. Não sei dizer quantas vezes repeti esses passos desejando e esperando esgotar uma emoção e seguir para a próxima.

Negação.
Raiva.
Barganha.
Depressão.
Aceitação.

E repete.

Essas fases passam pela minha vida como os meus namorados do ensino médio. E elas partem o coração da mesma forma.

Obrigada, Elizabeth!

QUANDO VOCÊ SE AFUNDA NA PERDA: LIDAR COM A DOR E COMPREENDER O SEU "NOVO NORMAL"

Estava há cerca de um ano processando o meu luto, quando dei por mim sentada nua no vaso sanitário, numa choradeira ao telefone com a minha melhor amiga, Anitra. Ela é a minha alma gêmea. Quando o mundo completamente para de dar a mínima sobre os meus sonhos e objetivos, ligo para ela. Então, naquela manhã, quando acordei desesperada e pronta para acabar com minha vida, chamei-a entre fungadas e muitas lágrimas, porque não conseguia parar de chorar. Não lhe dei meu "oi" normal: "Garota, deixa eu contar o que aconteceu hoje!" Não. Era apenas uma voz desvairada, soluçante, seguida por fungadas e palavras emboladas que nem eu conseguia entender. Eu não sabia o que queria dizer. Mas estava à espera de que ela me impedisse. Ela não disse nada durante cerca de quinze minutos. Ela só respirava. E respirávamos juntas. Ela estava respirando pesado o suficiente para que eu a ouvisse. Pesado o suficiente para que o som da sua respiração ajustasse o meu cérebro, para que ele ajustasse o meu coração e parasse com aquela sensação de vazio que estava fazendo com que meus canais lacrimais enlouquecessem. E, eventualmente, foi o que aconteceu.

Esse, meus amados, é o meu "novo normal".

Eu sei que essa merda é uma droga!

Minha mãe indo para o Andar Superior (porque eu acredito que o Céu é onde todos os grandes seres humanos vivem após a morte) me mudou. Tornou-me vulnerável de propósito, mas ao mesmo tempo me tornei uma mulher adulta, de boa-fé, que de repente precisava tomar decisões por conta própria. A matriarca da nossa família tinha ido embora. Eu não tinha mais essa mulher que me amava e me apoiava, apesar de minhas ideias serem imensamente ambiciosas. Por mais estúpidos que meus planos fossem, ela estava lá me apoiando. Agora, eu tinha que me enraizar por mim mesma. Esse, meus amados, é o meu "novo normal".

Nada sobre a vida para mim poderia ou seria o mesmo depois da morte da minha mãe. Continuar com a minha vida normal seria apenas mais prejudicial, e seria uma injustiça para a nossa grande relação. Não parava de pensar, "então devo seguir em frente com a minha vida como se não tivesse perdido o maior amor que já experimentei". Não é assim que nada disso funciona, pessoal. Esse foi... o preço do amor! Esse, meus amados, é o meu "novo normal".

Naquela segunda-feira, depois que ela me deixou para ir ao Andar Superior, eu sabia que o que estava pensando o tempo todo era verdade. Anjos e unicórnios e o menino Jesus realmente existem.

Todas as pessoas intrometidas que passaram pela casa e olharam para o seu corpo já tinham ido embora. O médico legista veio e levou o corpo dela cedo naquele dia. A noite chegou, e enquanto o meu pai, o meu filho e o meu irmão conseguiram dormir, eu estava no sofá chorando. Olhei para o céu através da janela. E fiz imediatamente uma pausa na minha sessão de lágrimas. A Lua brilhava tanto naquela noite. Não consegui dormir, por isso fiquei horas olhando para a Lua. Olhei até ela não estar mais lá. Quando minha cabeça finalmente ficou pesada e fui forçada a fechar os olhos, eu a vi. Eu não podia acreditar. O meu sonho estava em cores. Ela se sentou comigo e falamos durante o que pareceram décadas, naquela noite. Até fizemos compras. Quando finalmente acordei eu estava em lágrimas porque (1) parecia tão real e (2) eu queria tanto voltar a dormir para poder vê-la de novo. Só para ter certeza, fui à sala dos meus pais para lhe dizer bom dia. Esperava que tudo isso fosse um pesadelo aterrador, apenas para encontrar vazia e perfeitamente arrumada a cama de hospital. Esse, meus amados, é o meu "novo normal".

Dou por mim aconselhando outras mulheres que perderam suas mães, e há sempre um fio comum entre nós: esse "novo normal". Quando entendi que esse novo normal tinha que existir para eu sobreviver e *não* querer tirar a minha própria vida, ou a de outra pessoa, senti que tinha vencido a minha dor. Mais ou menos.

Lidar efetivamente com o seu sofrimento significa que você precisará se entregar totalmente às suas emoções. E para que você se renda, deve primeiro reconhecer que essas emoções estão lá. Então, deve senti-las. Se você for como eu, reconhecer seus sentimentos pode ser como pisar fundo em areia movediça.

...SUFOCAR OS SEUS SENTIMENTOS SÓ SUFOCA A VOCÊ MESMO...

E uma vez que você pisa nessa areia movediça, voluntariamente, chega a este lugar onde permite que trolls baixinhos, feios e fortes, vestidos com lantejoulas, batam repetidamente no seu coração. Ninguém quer passar por essa merda. Mas sufocar os seus sentimentos só sufoca a você mesmo. Então aprendi a lidar com a morte da minha mãe encontrando três coisas: gratidão, propósito e fé.

Em algum lugar, depois de ter enterrado minha mãe, a forma como eu pensava sobre a vida e a morte mudou. Percebi que Deus não podia odiar a minha mãe, a minha família ou a mim. Ele não nos faria viajar por esse caminho incrivelmente — quase insanamente — difícil, sem algum tipo de propósito, certo? Por isso, para que eu *não* enlouquecesse vendo o corpo da minha mãe se deteriorar até os 36 quilos, tive de descobrir como ter gratidão na minha jornada.

Primeiro, percebi quantas pessoas nunca conseguem ter uma relação com os pais, especialmente com as mães. E eu fui abençoada com essa relação supercompleta. Quando olhei para trás e pensei na mulher em que me tinha tornado, vi que foi tudo obra da minha mãe. Desde como falava com as pessoas, até como penteava o meu cabelo e o deixava ficar cinza, até como percebia a minha própria beleza. Isso era tudo da minha mãe. É por causa das nossas conversas, do nascimento à morte, que eu sou quem sou hoje.

Eu costumava me sentar pacientemente num banco, no quarto da minha mãe. Apoiava a cabeça nas mãos e olhava para o seu reflexo no espelho. A minha mãe representou a minha primeira visualização do que era a beleza. Eu estava tão fascinada em vê-la interagir com as pessoas. Ela era o meu ícone da moda. Quando eu era uma criança e alguém me perguntava: "Menina, o que você quer ser quando crescer?" eu dizia, "Denny Brown!" Eu queria ser minha mãe quando crescesse. Eu estudei tudo o que ela fazia. Quando ela falava com o meu pai, brincava com o seu rabo-de-cavalo comprido e único. É um hábito que subconscientemente adquiri como adulta. Então vê que não posso perder tempo pensando em como a minha vida é diferente agora. Eu morreria se todas as minhas lembranças espetaculares da minha mãe e de mim fossem embora, porque as desperdicei com tristeza. Em algum ponto ao longo dessa viagem comecei a ficar apenas agradecida, sabe. Só estava grata por ter tido uma mãe como a minha. Também fiquei grata por ela não ter sido subitamente arrancada da minha vida.

Consegui passar todos os dias do seu último ano presente nesta Terra lembrando-a do quanto eu a amava. Aprendi que, por pior que possa parecer, estou agradecida por tê-la tido na minha vida durante trinta anos.

Antes de a minha mãe morrer, acho que passei o que me pareceu toda a minha vida à procura do meu propósito. A minha maior pergunta era: o que quero fazer com o resto da minha vida? Na minha lista do que queria ser quando crescesse estavam: professora, manicure, atriz. E claro, ser Denny Brown estava no topo dessa lista. Percebi que estava pensando demais sobre essa questão do "quando crescer". O meu propósito era tão simples! Eu tenho essa necessidade de inspirar e impactar as pessoas a viverem. Seja para inspirar a deixar o seu emprego e se mudar para Nova York, ou finalmente voltar a estudar para obter o mestrado, ou talvez seja tão simples como ir à sua primeira peça da Broadway — o meu trabalho é estimular as pessoas a fazerem uma mudança, para viverem!

Finalmente, há a fé. É preciso apenas uma semente, certo?! Como uma frequentadora não tão fiel da Igreja Batista, me lembro de ter lido a Bíblia, que menciona muito a fé. Quando era pequena, não fazia ideia do que aquele texto significava ou do que era essa semente. Quando percebi que a minha mãe iria morrer, lembro-me de pedir à minha família das redes sociais pelas suas orações. Pensei que se todos os que estivessem nas redes sociais (que são todos no mundo) orassem pela minha mãe, então ela seria curada do câncer. A minha relação com Deus era... distante, na melhor das hipóteses. Então, pensei que se eu pedisse a todos e eles realmente rezassem pela minha mãe, Deus não poderia ignorar isso. Mas ela ficou mais doente!

...SUBSTITUI O MEU MEDO PELA FÉ.

A minha mãe me fez algumas confidências, uma noite, no hospital. Ela disse que tinha fé e que isso era a coisa certa. Ela não estava nem um pouco assustada. No início, tive fé por ela. Porque ela me pediu. Eu substituí o meu medo pela fé. Comecei a notar que não foi uma ação única, e não foi apenas porque a minha mãe pediu. Eu não estava apenas dizendo: "Eu tenho fé" e espero ser abençoada. Eu acreditei que um dia ficaria bem com a morte da minha mãe. Que um dia não teria mais medo de viver sem ela. Eu tinha fé que, eventualmente, veria e chegaria a sentir esse dia.

Esse, meus amados, é o meu "novo normal".

COISAS QUE NINGUÉM QUER OUVIR OU VER QUANDO ESTÁ DE LUTO

A única coisa que eu sei, com certeza, é que todos os dias no início do luto serão uma absoluta porcaria. Aniversários e feriados foram os mais difíceis. A internet é a principal culpada. Ela torna o processo de luto realmente insuportável, às vezes. No Dia das Mães, em cada canto da internet, você pode encontrar uma dupla de mãe e filha desfrutando de abraços e beijos seguidos de verborreia excessivamente tagarela de textos prontos. Haja lágrimas!

Quando não é um aniversário ou um feriado, seus amigos, família e estranhos não terão ideia do que dizer depois que você soltar: "A minha mãe faleceu..." E não importa se você diz que aconteceu na semana passada ou há vinte anos, a resposta universal será sempre: "Sinto muito"! Isso deveria ser ensinado na faculdade, certo?! É um funil constante de *lamento muito que a porra da sua vida agora seja uma merda sem a sua mãe* (a criança dramática em mim, às vezes, aflora).

E talvez você possa contar essa história sobre como a filha da irmã da prima do seu melhor amigo também morreu repentinamente de câncer, mas agora provavelmente não é uma boa hora. O luto não deve parecer uma espécie de competição de quem tem a maior dor no coração.

Mas eu percebo que você está *tentando* fazer isso. Você acha que contar a sua história dará uma perspectiva valiosa e relacionável aos meus sentimentos. Mas aqui está o que acaba acontecendo: começa mesmo a parecer que a morte do meu ente querido não conta de fato. E tenho certeza de que não foi isso que você quis dizer, certo?

Até eu deixei de dizer: "Sei exatamente como você se sente", porque, na verdade, não sei. Sim, eu também perdi a minha mãe para o seu lugar de direito no Andar de Cima, mas não sei bem como você se sente. As relações não são curtas e secas. São pessoais. Exclusivas. Então a minha relação com a minha mãe não era a mesma que a dela com o meu irmão, com o meu pai ou com o meu filho. Então, na verdade, não sei exatamente como você se sente. E embora, sim, todos nós tenhamos sido enganados, porque a morte vai acontecer a todos nós, dizer a alguém que você sabe exatamente como ela se sente faz parecer que a sua perda é de alguma forma rotineira e comum.

Deixe-me dizer também o que mais a morte da minha mãe não foi: uma bênção disfarçada. Não sei dizer quantas vezes ouvi isso depois da longa e debilitante doença dela. Se a morte é o alívio dessa longa e debilitante doença, então não é uma bênção. A minha mãe sofria mesmo de câncer. No dia de Ação de Graças, antes de morrer, ela acordou em pânico, chorando, pedindo ajuda como um bebê. Os seus olhos tinham se fechado completamente. A visão que guardo daquela noite ainda me assombra. Soubemos que outro tumor (naquela altura já havia tumores no fígado e pâncreas) tinha se formado acima de seu olho. Eu vi a minha mãe lutar como Rocky durante os oito meses seguintes só para que o câncer acabasse com o corpo dela. A morte foi um alívio para mim, mas nunca uma bênção.

Muitas vezes fico um pouco cínica quando alguém que tem, digamos, noventa anos morre. Você pensa: bem, eles viveram uma boa vida, espero! Eles já viram um bom número de amigos encontrarem o seu lugar de direito no Andar de Cima anos antes. Talvez fosse apenas *a hora deles*. Mas agora sei que meus pensamentos sobre o luto pelos idosos são um pouco ingênuos, e é fácil começar a tomar os nossos idosos como garantidos. Eles têm sido uma grande parte de nossas vidas por tanto tempo que começamos a pensar que estarão conosco para sempre. Eles viveram as doenças, as quedas no banheiro e as cirurgias de emergência, mas ainda assim venceram o relógio. De alguma forma, agora parecem-nos indestrutíveis. Até irem embora. E embora todos tenhamos sido enganados sobre toda essa coisa da morte, devemos acreditar nela, mas não tomar a nossa dor como certa. Que o colocará de joelhos se o seu ente querido tiver dois ou 92 anos de idade.

...NA VERDADE NINGUÉM QUER REALMENTE MORRER.

Eu estava conversando com alguns amigos. Um deles perdeu recentemente o irmão na guerra. Ele tinha 25 anos.

O nosso amigo disse: "Pelo menos ele morreu fazendo o que amava, servindo o nosso país". Não! E tenho certeza de que você também consegue ouvir o silêncio daquele dia. Nenhum de nós sabia exatamente o que dizer em resposta a essa conversa mole. A razão pela qual lembro que fomos todos enganados sobre a morte é porque ninguém fala sobre isso. Ninguém diz: "Bem, se tenho de morrer, quero morrer fazendo isto ou aquilo". Porque na realidade ninguém *quer* mesmo morrer. Pode parar de dizer isso também. Então me deixe ajudar você. Porque existem algumas maneiras muito bonitas e simples de consolar (a mim em particular), e acho que todas elas são muito reconfortantes. Adoro quando um estranho diz: "Ahhhh..." e as sobrancelhas deles franzem um pouco. Parece aquela cara triste do emoji de olhos chorosos. Essa é uma resposta perfeitamente boa. Se você tem que seguir com um "sinto muito" para aliviar o seu nível de desconforto, vá em frente. Afinal, isso é sobre as suas emoções, e não sobre as minhas (leia-se: sarcasmo pesado). Se você me conhece ou conhece a minha mãe, então eu adoro ouvir: "Eu também sinto falta da sua mãe. Ah, você se lembra daquela vez..." Relembrar a minha mãe com outras pessoas faz parecer que ela ainda está aqui. A memória dela nunca morre. E também me faz lembrar que não estou completamente sozinha nisso.

Eu sei que vocês têm boas intenções quando dizem coisas para consolar a nossa dor, mas muitas vezes não ouvir nenhuma palavra conforta mais do que ouvir as palavras erradas.

SEU NOVO NORMAL

Renda-se...

...a todas as suas emoções...

...para que você possa voltar a respirar.

As crises de choro, os ataques de pânico infantis, as explosões de raiva...

fazem, todos, parte do seu novo normal.

Não lute contra isso.

O luto é agora uma parte de você.

A morte deixa toda as pessoas...

...desconfortáveis.

Se não é você que está passando pela perda...

...então lembre-se que é sobre o conforto do enlutado

e não o seu.

5
Como ser obsessivamente grata

Eu penso que muitos de nós assumimos que ser grato será uma segunda natureza, mas essa definitivamente não é a verdade. Especialmente quando você tenta casar a ideia de ser grato pelas coisas que tem na sua vida com o vazio deixado por alguém que você amou além das palavras. Senhor! Quase sempre isso vai ficar em segundo plano na sua rotina diária. Ser grato é algo que você tem que praticar constantemente e que tem que trabalhar muito para ficar bom.

Em 2013, comecei o que chamo de os anos mais "animados" da minha vida. Se perguntasse a alguém, eu tinha tudo. A minha vida era invejável. Eu estava vivendo uma vida de sonho. Eu estava vivendo uma vida pela qual a maioria das pessoas mataria para ter. Eu ainda faço pequenas danças felizes e me belisco diante das oportunidades que tenho. Ainda não falo muito com o meu pai, e ele não faz ideia do que eu faço na vida. Sempre que falamos, ele pergunta: "O que é mesmo que você faz?" Ele sabe apenas que as pessoas me pagam para fazer umas merdas muito legais, e eu posso pagar um aluguel superfaturado em Nova York por causa disso.

Mas depois que minha mãe morreu, comecei a notar que eu mal podia ver ou sentir alguma daquelas alegrias que eu tinha criado para mim mesma. Eu estava oficialmente em piloto automático. A minha mãe estava morta e também a única família que eu conhecia. Ela foi a cola que nos manteve unidos. Eu só ligava para casa para ver como ela estava. Mas sempre que o fazia, ela procurava o meu irmão e o meu pai para que eu pudesse conversar com eles por alguns minutos, também. Ela não está mais aqui para ter certeza de que nos falamos. Ela não está mais aqui para ter certeza de que ainda somos uma família. E eu me sentia sozinha. Agora que ela tinha partido, parecia que eu estava no caminho emocional mais vazio. Senti frio e abandono. A pior parte era que eu estava sozinha, segurando meus pedaços. Estava tentando desesperadamente reconstruir a minha fundação. Finalmente tive que admitir a mim mesma que o meu chão tinha acabado de cair. O luto tinha se arrastado lentamente para dentro do meu coração, e estava me cegando com enormes pontapés de caratê no meu peito. A dor de perder a minha mãe tinha ficado tão abundante de raiva e ódio que eu não sabia mais quem eu era.

Então, fiz o que a minha mãe me teria dito para fazer se estivesse aqui para responder a todas às minhas perguntas. Fiquei grata por todas as coisas que ainda tinha na minha vida.

Lembro-me que quando era criança me queixava das nossas opções no jantar. Quase podia apostar o que a minha mãe estaria cozinhando para o jantar todos os dias da semana. A escala não mudava muito: bolo de carne, espaguete, frango assado, costelas de porco, frango frito e, talvez, às sextas-feiras, pedissem uma Pizza Hut. Ou comida chinesa. Muito redundante? Sendo a menina emocionalmente corrompida e mimada que era, eu faria barulho e beicinho porque... era bolo de carne! Odeio bolo de carne até hoje. "Blergh, bolo de carne outra vez. Comemos na terça-feira passada e na terça-feira anterior a essa. Quando é que vamos ter algo diferente?" seria a minha declaração de abertura antes de me sentar à mesa. Minha mãe, normalmente, me ignoraria. Ela sabia que eu era uma criança gorda de coração e que comeria quase tudo e qualquer coisa que colocasse no meu prato favorito de She-Ra (porque eu sou uma criança dos anos 1980!). Mas depois da minha 432.904.171ª explosão de antipatia, ela decidia que estava farta das minhas minibirras e dizia: "Vai comer esse bolo de carne e tudo o mais que eu puser no seu pequeno prato. Fique grata por ter comida para comer todos os dias." Claro que ela deixava cair o microfone nesse ponto: "Há pessoas na África que estão morrendo de fome". Naquela época, tudo o que eu conhecia eram aqueles comerciais de crianças famintas (acho que viviam na África, quem sabe?) e isso fez-me sentir supermal por não querer a minha comida. Então, parei de reclamar.

Minha mãe me lembrava como era importante ser agradecida tantas vezes quanto ela sentia que eu precisasse ouvir essa lição. Foi um esforço inconsciente para ela. A minha mãe foi uma das pessoas mais gratas que conheci, mesmo durante a quimioterapia. Quando aquele tumor lhe inchou o olho, deixando-o completamente fechado, eu comecei a entrar em pânico. Mas ela pôs a mão sobre a minha e disse docemente: "Bem, droga, mas pelo menos ainda consigo ver com o meu outro olho". Nós duas rimos um pouco. Dentro do meu coração rolava um rio de lágrimas, mas ainda assim entendi a mensagem dela. Lembro também quando seu cabelo começou a cair. Me ofereci para cortá-lo. Achei que seria mais fácil para ela aceitar perder todo o seu lindo cabelo.

Porque seria isso que eu faria. Mas ela disse que não, pois queria que ele caísse sozinho. Ela disse que queria experimentar tudo o que o câncer tinha para ela. Mesmo depois de tudo o que passou, a quimioterapia, a radiação, as cirurgias, ela foi capaz de agradecer pelos momentos que ainda pôde vivenciar. Não importa o quão difícil essa experiência tenha sido. Eu admirava isso. E me lembrei disso. Sabia que tinha que duplicar essa ideia de pensar para poder sobreviver à minha dor.

"A sua maior alegria é a sua tristeza desmascarada."
Khalil Gibran, autor de *O Profeta*

Ser grato significa que a cada dia buscamos a satisfação nas coisas mais simples. Significa que vemos cada pequeno brilho da vida como uma bênção. Chamo de momentos "mas hoje eu acordei". Instantes do tipo "cheguei apenas dois minutos atrasado para o trabalho e não fui despedido". É tão clichê dizer, mas há mesmo alguém lá fora que está pior do que você. E há outra pessoa pior do que eles. E depois há outra pessoa pior do que eles. O clichê vive mil vidas e se move em um trilhão de círculos, porque é a verdade. Tive quase quatro meses para me preparar para a morte da minha mãe. Embora eu jure que foi a coisa mais difícil pela qual já passei, muitas vezes me pergunto como seria minha vida se ela tivesse sido inesperadamente arrancada do meu mundo. E se eu nunca conseguisse pintar as unhas da minha mãe com câncer? E se eu nunca conseguisse ver *Sparkle: O Brilho de uma Estrela* um trilhão de vezes enquanto ela adormecia? A devastação ainda seria tão real para mim; mas quando eu olho para as coisas em retrospectiva... é por isso que a gratidão é importante no luto.

...A GRATIDÃO INDEPENDE DAS CIRCUNSTÂNCIAS DA SUA VIDA.

Primeiro, saiba que a gratidão independe das circunstâncias da sua vida. Percebi isso quando decidi me mudar para Nova York para prosseguir a minha carreira como escritora, nem um mês depois de a minha mãe ter sido diagnosticada. Embora eu já tivesse pedido a demissão do meu emprego e assegurado o meu desconfortável lugar em um sofá no Harlem, ainda não tinha dito aos meus pais. Eu estava esperando pelo momento perfeito e infalível para contar que estava deixando meu bom emprego no governo e meu lindo apartamento no terceiro andar, no centro da cidade de Baltimore, para ser assistente editorial e dormir no sofá desconfortável de outra pessoa. Não me parecia uma ideia que meus pais gostariam. Além disso, ainda não tinha uma boa noção de como empacotar esses fatos para que parecesse a ideia incrível que eu sabia que seria. Também enfrentei uma enorme quantidade de culpa. Agora que o câncer estava dominando a maioria das nossas conversas familiares diárias, eu estava debatendo se deveria ou não abandonar meus sonhos grandes e loucos para ficar em Maryland para ajudar a cuidar da minha mãe.

Estávamos sozinhos no quarto de hospital dela uma noite. O meu pai saiu para tomar conta dos pacientes da minha mãe. A paixão dela sempre foi cuidar dos outros. Ela cuidou de ambos os meus bisavôs até eles morrerem, porque ela odiava o conceito de um lar de idosos. Ela pensava que era tão impessoal e desapaixonado. Ela acreditava que os lares não podiam dar aos idosos ou aos deficientes mentais os cuidados que mereciam. Então, depois que me formei no ensino médio, ela largou o emprego na fábrica de carnes local e começou um negócio de assistência de saúde em casa. Meus pais compraram uma casa enorme que ficava em cerca de seis acres de terra e ela criou uma instalação de vida assistida bem dentro da nossa casa. Eu estava tão orgulhosa dela. Ela é a verdadeira razão de eu ser uma empresária hoje. Todos nos empenhamos para ajudá-la. Às vezes, eu perdia uma festa ou duas porque estava ajudando minha mãe a fazer coisas por seus pacientes. Mas eu adorava ajudá-la. Sra. Melvina, sr. Larry, sr. Frank... eram seus pacientes, mas também tinham se tornado parte de nossa família.

A minha mãe certificou-se de que nada disso mudasse quando o câncer chegou. Durante os tratamentos de quimioterapia, meu pai e eu nos revezamos para fazer companhia à minha mãe ou ficar em casa para cuidar dos pacientes dela. Naquela noite, eu estava zapeando os canais e só disse isso: "Estou me mudando para Nova York". Surpreendentemente, o discurso dos meus pais — que eu esperava —, gritando quão louco era o meu sonho, nunca aconteceu. Em vez disso, minha mãe me perguntou se era o que eu realmente queria fazer e em cujo sofá desconfortável eu estaria dormindo. Ela segurou minha mão e me parabenizou com lágrimas. Disse que me apoiaria até a Lua se fosse para lá que eu quisesse ir. Também que estava grata por ter uma filha tão talentosa como eu. Uma filha que não tinha medo de ir atrás dos seus sonhos. Ela disse que me admirava por isso. Eu pensei: eu?! Meu Deus, digo a todos que as lágrimas rolaram muito depressa. Eu não podia acreditar que durante o período mais vulnerável e desafiador da vida da minha mãe, ela ainda fosse capaz de ser grata por mim além das suas próprias circunstâncias.

Mas se pararmos para pensar, é realmente difícil se concentrar em seus próprios defeitos quando você está grato por alguém ou alguma outra coisa. É difícil focar em todos os pontos negativos da sua vida quando você está sobrecarregado de gratidão pelo que possui. Ser grato pela minha jornada, pelo fato de eu ter tido uma mãe que sempre esteve, sem dúvida alguma, presente na minha vida, pela minha nova carreira — isso me fez passar pelos meus dias mais sombrios e essencialmente me salvou. Houve épocas em que eu já não queria viver. Como disse, eu podia ter sido a Karyn Washington. Houve uma altura em que não conseguia me ver sem a minha mãe. Mas consegui ressignificar a minha vida por causa da gratidão. Não me senti mais tão insatisfeita ou tão perdida sem a minha mãe, porque agora eu estava me concentrando em todas as grandes coisas que tinha recebido do nosso relacionamento. Todas as grandes coisas que eu ainda tinha na minha vida. Não consegui ver isso no início, mas estar grata mudou a forma como sofri.

COMO DESCOBRIR O PODER DAS SUAS PALAVRAS PARA GERIR O SEU SOFRIMENTO

A verdadeira questão para mim então se tornou: como posso viver constantemente dentro desses momentos de gratidão? E isso é mesmo possível para mim? Especialmente depois de perder a minha mãe e agora lidar com a tremenda ansiedade de não saber o que viria a seguir. Eu tinha acabado de me mudar para essa grande cidade onde não conhecia ninguém. Eu estava trabalhando num novo emprego. Estava experimentando coisas novas sem o meu apoio de vida — minha mãe. Viver dentro de momentos de gratidão significava que eu tinha que estar bem com o que quer que a vida me tivesse dado. E, se e quando eu finalmente descobrisse como ficar bem com essa merda, não poderia ser dissuadida a ficar bem com essa merda.

Por causa do meu blog, eu tinha chegado a esse status de "celebridade". A maioria dos blogueiros chega a essa vida de falsa celebridade porque tem toneladas de seguidores no Instagram e um tráfego enorme em seus sites. Mas graças à internet, eu era famosa porque partilhava a história sobre a minha mãe. E agora muitas pessoas, muitos de vocês, podem se relacionar comigo. Fui bombardeada com cartões de condolências e desejos de felicidades de completos estranhos. Foi avassalador para mim. Eu me encontrava respondendo cinco ou seis e-mails por semana de mulheres que haviam perdido suas mães e estavam procurando orientação. De mim?! Mas o problema era que eu tinha selecionado a minha vida na internet, que não era a vida real para mim. As pessoas pensavam que eu tinha essa coisa de luto toda resolvida. Este livro vai fazer você acreditar que tenho essa coisa de luto toda resolvida. Mas quando eu estava sozinha com meus pensamentos, eles diziam: "todo dia vai ser um dia ruim, porque minha mãe está morta". Percebi que o que dizia a mim mesma, tanto em voz alta como inconscientemente, importava. Pude ver que as palavras e os conselhos que partilhei com os meus leitores se tinham tornado esse veículo para expressar e partilhar as minhas experiências. E isso mudou a forma como eles experimentaram o seu luto. Mas o que eu não percebi foi que as palavras que costumava usar comigo mesma estavam afetando minha experiência pessoal.

"A tragédia da vida é o que morre dentro de um homem enquanto ele vive."
Albert Schweitzer, filósofo

Eu tenho uma amiga que tem uma crença enorme de que o que você fala em voz alta irá se manifestar em sua vida. Ela é a amiga que pode recitar *O segredo* e fará você visualizar com ela sua vida a cada três meses. Ela até vai te ajudar a enquadrar a sua visão. Eu juro que todos precisamos dela nas nossas vidas. Ela sugeriu que eu fizesse alguma pesquisa sobre vocabulário transformacional. É a ideia de que se você mudar as palavras que usa consistentemente para descrever seus sentimentos e emoções, então poderá mudar sua perspectiva sobre a vida e realmente criar a vida que você quer. Pense nisso como o seu quadro de visão verbal. É a diferença entre dizer que você está "morrendo de medo" de mudar de carreira ou admitir que está apenas "se sentindo um pouco inquieto" com isso. É a diferença entre dizer que você está "realmente surpresa" que ele tenha cancelado o encontro com tão pouca antecedência ou admitir que está apenas "ligeiramente desapontada" com isso. O ponto principal é que cada palavra que você fala tem o poder de construir ou destruir suas esperanças e seus sonhos. Suas palavras podem lentamente reparar a sensação de perda ou fazer com que esses sentimentos se ampliem em um milhão de mortes lentas do tamanho de um quartilho que corroem sua alma. Tudo o que dizemos, ou pensamos, tem o potencial de nos curar ou de nos prejudicar.

Uma vez que percebi que a minha fala estava sugando a minha vida toda, tinha um trabalho sério a fazer. Voltei ao meu emprego logo após o funeral da minha mãe. Péssima ideia. Eu deveria ter saído de férias sozinha ou algo assim. Eu levava os dias tomada pelas minhas emoções, por isso chegava sempre atrasada ao trabalho. Eu não me importava. Não conseguia me concentrar, por isso entregava resultados ruins. Mas não me importava. Comecei a atacar meus colegas de trabalho e, adivinhem só, eu também não me importava com isso. Os meus sentimentos eram mais importantes que os dos outros. Todos precisavam se preocupar com o que eu sentia *primeiro*. O meu aviso diário era: "A minha mãe acabou de morrer, eu mereço um desconto". Durante essa época, isso parecia normal porque... lamento! Mas era apenas uma forma pouco saudável de pensar e agir. Eu estava tão cheia de depressão que estava morrendo por dentro, e tive que mudar. Eu queria mudar.

Comecei a anotar afirmações curtas e positivas de manhã. Coloquei-as por toda a minha mesa e escrevi-as aleatoriamente nos meus diários pessoais. Eu queria vê-las inesperadamente. Eu me cumprimentava de manhã antes de sair. Dizia a mim mesma que ficara muito bonita com esse vestido. Ou merda, esse vestido faz a minha bunda parecer muito grande... de uma forma muito boa. Depois fiz uma lista de palavras positivas. Isso é profundo, certo? Eu sei! É uma das melhores ideias que já pesquisei no Google. Depois de fazer algumas pesquisas sobre como usá-las, eu sabia que quanto mais palavras positivas coletasse para o meu vocabulário, provavelmente era assim que poderia comunicar minhas emoções com clareza. Usando palavras positivas, assegurei-me de que não estava liderando todas as conversas que tive com: "A minha mãe acabou de morrer, mereço um desconto." Eu aprendi o verdadeiro poder das minhas palavras quando comecei a responder às pessoas em vez de reagir a elas. Por favor, acredite: aprender a não ser reativo é um desafio contínuo para mim. Numa conversa, a diferença entre reagir e responder é de cerca de cinco a dez segundos de pensamento. Mas uma vez armada com as minhas palavras positivas, fui capaz de responder de uma forma que coloriu os meus verdadeiros sentimentos. Eu já não era refém do caos das minhas emoções. Eu tinha criado uma rotina na qual era capaz de falar grandes coisas da minha vida por meio das minhas palavras e meus pensamentos.

COMO CRIAR ROTINAS PARA UM LUTO SAUDÁVEL E ENCONTRAR FORÇAS EM LUGARES INESPERADOS

Tudo o que poderia mudar na minha vida mudou quando a minha mãe morreu. A parte mais difícil do meu luto foi aceitar a ausência interminável dela. A morte. É. Final. Ela nunca mais vai voltar. Mesmo as coisas ou pessoas com as quais eu achava que podia contar se sentiam muito diferentes de mim. Tentei aproveitar as férias e os aniversários sem ela, mas foi, e às vezes ainda é, uma tortura. O meu primeiro Natal sem ela foi totalmente doloroso. Ela adorava o Natal. Acho que era o seu feriado favorito. Tipo, a adoração dela trouxe à tona as decorações mais desagradáveis imagináveis. Tudo era dourado e grande... e dourado. Ela tinha uma árvore verde-esmeralda que quase chegava ao teto que, de alguma forma, ela conseguia decorar da mesma maneira exata ano após ano. Era como a magia da Disney para mim. Parecia quase uma daquelas árvores pré-decoradas que se compra na Target. Claro que nunca pude ajudar a minha mãe a decorar, porque tinha que ser feito do jeito *dela*. Por isso acabava lhe entregando os enfeites pelo caminho. Embora, como adulta, eu não estivesse por perto há anos para realmente vê-la ou ajudá-la a levantar a árvore, ressenti-me do fato de a opção de ajudar ter desaparecido. Mas eu tinha uma escolha quando se tratava de como ajustar a minha vida para acomodar o meu sofrimento: eu poderia amuar e ter ataques de pânico infantil a cada feriado e aniversário ou poderia criar novas tradições e rotinas para o meu novo normal.

Então, em vez de chafurdar no meu luto de feriados, naquele primeiro ano sem a minha mãe decidi passar as férias com os Broadways. Eles são alguns dos membros da minha família, por parte de pai, que vivem em Delaware. A irmã do meu pai e as filhas dela e as filhas delas. Ao crescer, eu não passava muito tempo com eles, porque estávamos sempre do lado da família da minha mãe. Sinto como se tivesse perdido muitas recordações com eles. Eu mal conheço a família do meu pai. Mas como adulta, eu tinha me tornado muito próxima à minha tia Katy. Quando a minha mãe morreu, ela prometeu que tomaria conta de nós. Ela é provavelmente a única família com quem eu realmente falo. Pode-se dizer que ela é a minha tia favorita. O que é ainda mais engraçado e cativante nisso é que a minha tia lhe dirá, sem pensar, que sou a sua sobrinha favorita. Essa é a saudação dela sempre que entro em sua casa. A minha tia tem sido tão fundamental no meu processo de luto, me permitindo criar novas rotinas em torno da sua família imediata. Ela sabia que eu precisava ser lembrada de que ainda havia amor na minha vida. Quando estamos de luto, às vezes nos esquecemos disso. A minha tia sabia que eu precisava ser amada. Quando estamos de luto, às vezes, também nos esquecemos disso. Ela estava lá no início para me ajudar a apanhar todos aqueles pedaços quebrados que sobraram do vazio da minha mãe. E claro, ela não pôde colocar aquela cola de amor que minha mãe e eu compartilhamos, mas foi bom ter alguém me ajudando a carregar aquelas partes de mim. A minha tia me mostrou que viver e amar os outros era a melhor forma de honrar o amor da minha mãe.

...VIVER E AMAR OS OUTROS ERA A MELHOR FORMA DE HONRAR O AMOR DA MINHA MÃE.

Depois daquele feriado, notei como estava mais feliz. Não sou perfeita, por isso admito que às vezes ainda deixo que os meus tristes vazios me afetem. Mas criar novas e inesperadas tradições e rotinas me permitiu trabalhar através do meu luto de uma forma segura e construtiva. Então eu queria, e precisava, de mais rotinas. Queria aperfeiçoar a forma como vivi as minhas novas rotinas, o meu novo normal. Eu me diverti muito vendo os meus primos abrirem os presentes na frente da família, mas ainda era tão difícil assistir isso. Vê-los aproveitar as festas com a mãe deles me fez sentir ainda mais a falta da minha. Então, agora, meu namorado e eu passamos todo Natal fora. Adorei aqueles momentos com minha tia e sua família, mas eu precisava experimentar as festas de uma nova maneira. À minha nova maneira. Este ano vamos fazer um cruzeiro de doze dias com a família dele. Rezem por mim!

...AS MINHAS NOVAS ROTINAS SEMPRE ME SALVAM...

Acredite, todos nós desejamos não ser membros deste clube em que as lembranças do Facebook "Neste Dia" trazem lágrimas, nos quais você tem doces sonhos com seus entes queridos apenas para acordar e perceber que o pesadelo da perda realmente aconteceu, em que cada aniversário da morte parece ser o primeiro. Seu ente querido se foi, nada será o mesmo e você precisa reconhecer isso. Aceite. É o que eu repito para mim mesma, diariamente, de hora em hora, às vezes, a cada poucos minutos. Acho que já escrevi isso de uma forma ou de outra pelo menos cinco vezes neste livro. Mas é uma verdade que ninguém nos diz. E é por isso que as minhas novas rotinas sempre me salvam de quebrar a cada menção da palavra "mãe". Pode-se presumir que, ao longo dos anos, tudo se resolverá sozinho, mas estou dizendo a você que isso é mentira. Você tem que consciente e repetidamente criar rotinas que o lembrem de como amar e viver de novo.

Ou o seu luto se tornará insuportável.

"Eu nunca viajo sem o meu diário. Deve-se ter sempre algo sensacional para ler no trem."
Oscar Wilde, dramaturgo

Eu sempre mantive um diário. Tinha um diário roxo com corações brilhantes de prata que o meu pai sempre invadia e lia. Ele pensava que eu não sabia. Pensava mesmo que estava fazendo algo grande. Mas guardei os meus verdadeiros segredos num velho caderno de composição com o título "Tarefas de Matemática". Deixei ao lado do aparelho de som, e ele não desconfiou de nada. Como escritora, manter um diário sempre foi minha forma de praticar. Neste momento, na minha mesa tenho cerca de oito diários em branco à espera das minhas palavras. Agora, eu escrevo em meu diário durante cerca de vinte minutos por dia, e quando estou ocupada demais para escrever alguns parágrafos, uso o método de preenchimento de espaços.

Hoje me senti triste quando... *pensei em ligar para minha mãe.*

Eu sinto mais falta da voz dela.

Estou grata pelo... *ombro do meu namorado. Não sei onde minhas lágrimas cairiam se eu não tivesse o ombro dele.*

Três coisas que fiz bem hoje... *fiz a maquiagem em menos de dez minutos. Cheguei a tempo no trabalho. Andei oito quilômetros.*

Estou grata porque... *consegui andar oito quilômetros sem que os meus joelhos falhassem.*

Descobri que o diário ajudou a gerir o meu sofrimento à minha maneira. Foi o meu autocuidado. O meu diário tornou-se aquele amigo que aceita tudo, que não julga, e que escuta atentamente todas as vezes. E não é por isso que pagamos terapia? Só queremos que alguém nos ouça, sem interrupção e sem julgamento. Na vida real, eu poderia gastar um pouco em terapia e pensei muito sobre isso. Mas depois de um ano registrando os sentimentos sobre a morte da minha mãe em diários, olhei para trás, li as minhas palavras e vi o progresso. O jornalismo proporcionou-me a terapia mais barata que já tive. Fiquei espantada com o quão longe eu havia chegado desde as primeiras palavras que tinha escrito.

16 de agosto de 2013.

Eu não consigo apagar essa sensação. Esse sentimento de culpa e tristeza. Às vezes, isso me incomoda. Eu não quero sair da cama. Mas quando o faço, tento manter-me ocupada. Alguém sugeriu que eu me mantivesse ocupada. Nunca pare de se mexer. Isso ajuda a ignorar o fato de ela ter ido embora. Mas de verdade, porra, ela foi embora! E ainda assim nem sequer me parece real. A minha mãe está morta! Tentei ligar para ela na semana passada. Finalmente descobri como fazer os bolos de siri caseiros perfeitos. Estava tão entusiasmada para lhe contar que me esqueci completamente que ela tinha morrido. A dor está se tornando avassaladora. Às vezes, eu só quero morrer. Isso me deixa estropiada na maior parte dos dias. Fico deitada na minha cama olhando para o teto até quase às duas da tarde. Tudo o que consigo pensar é na minha mãe. Nas coisas que fizemos juntas. Nas coisas que não fizemos juntas. Eu tinha o sonho de que passaríamos o dia todo juntas, fazendo compras e conversando e fazendo mais compras, porque qualquer um que conhecia minha mãe sabia que ela adorava fazer compras. Mas o meu sonho parecia tão real. Lembro-me que nele eu estava tirando uma sesta e o meu pé estava um pouco pendurado na cama. Juro que senti a minha mãe tocando no pé. Acordei e saltei da cama esperando poder agarrá-la antes que ela fosse embora, mas não demorou muito até eu descobrir que estava apenas sonhando. Passei o resto do dia chorando...

...ME PERMITINDO SOFRER.

Esse é o primeiro parágrafo do meu primeiro diário depois da morte da minha mãe. Quando li isso há pouco, lembrei da dor. Consigo ver como me deixava ficar todos os dias nessa dor. Eu me permitia sofrer. Eu estava nadando sem parar naquela merda. Ainda estou tão surpresa por ter chegado aqui. Sã. Fico maravilhada que hoje consiga escrever e falar da minha mãe sem lágrimas. E, claro, ainda sinto sua falta de uma forma que não posso descrever, mas não estou mais aleijada pela minha dor. Já criei rotinas suficientes, sendo o diário o presente de ouro para mim mesma que me ensina a viver uma vida abundante novamente. Eu não quero mais morrer.

Essas rotinas têm oferecido clareza para os meus pensamentos e sentimentos. Eu me conheço melhor. Eu sei, sem dúvida, o que me faz feliz e o que me faz sentir confiante para viver bem novamente. Também percebi quais coisas eram tóxicas para mim. Eu quero ser feliz e celebrar a vida.

Agora eu escolho ser feliz independentemente da experiência que estou tendo. Isso é gratidão.

...EU ESCOLHO SER FELIZ...

SUA CLAREZA, SEU OBJETIVO

Nem todos são abençoados...

...com o maior amor de todos os tempos.

Por isso, seja grato por ser um dos sortudos que o receberam.

Se você puder manifestar...

uma nova crença centrada em estar bem,

então você estará!

As rotinas oferecerão clareza e darão propósito a uma nova normalidade na sua vida.

6
Coisas que toda mãe deveria dizer à sua filha

Olhando para trás, sei que minha mãe e eu tínhamos um tipo de relacionamento lendário. Desde aquele maldito pássaro até ao nosso último adeus, ela era a minha consciência, a minha líder de torcida, a minha protetora... ela era tudo o que eu não sabia que precisava até precisar.

Eu estava na escola secundária quando conheci um rapaz com quem pensei em me casar. Gente, ele era muito lindo. Nos conhecemos num baile da igreja. Fizemos um trabalho lento para Bobby Brown e Baby Face durante o que me pareceram horas, e eu perdi a cabeça apaixonada. Eu era quase uma *stalker* desse rapaz. É uma pena nem me lembro qual era o nome dele. Vamos chamá-lo de Aiden (mesmo que seu nome provavelmente fosse Devonte ou algo assim). Eu sempre adorei esse nome. Mas não demorou muito para ele me convencer que eu era quase uma adulta e que a minha mãe estava sendo muito rígida comigo. Eu tinha uma vida bastante protegida. Nada de rapazes. Sem brilho labial. Nada de festas. E definitivamente nada de rapazes. Ele morava a cerca de uma hora de distância de nós, e não importava quantas vezes eu pedisse à minha mãe para ir vê-lo, ela se recusava. Então, tudo o que podíamos fazer era falar e rir ao telefone à noite. Ah, e também não havia absolutamente nenhuma conversa com rapazes ao telefone, por isso me esgueirava depois da minha mãe ter ido dormir. Aliás, eu tinha doze e ele tinha quinze anos. Meu Deus!

Aiden acabou colocando na minha cabeça a ideia de que eu devia fugir de casa. Ele pensava que era ridículo como a minha mãe me tratava. Não podia fazer mais nada senão ir para a escola e voltar para casa. Então, uma noite, durante a nossa sessão de risos, ele se ofereceu para me deixar ficar com ele e a tia dele. Por isso, arrumei um pequeno saco cheio de coisas essenciais — a minha escova de cabelo, o meu diário e um par de roupa íntima. Tentei chegar à casa dele a pé e desejei uma carona para o caminho. Eu não fui muito longe antes de *todos* na nossa cidade saberem que eu tinha fugido. Acabei me escondendo no porão dos meus bisavós, porque eles eram idosos demais para perceberem que eu estava lá embaixo. Acampei ali, faminta pra caralho, até que eles foram dormir por volta das sete e, depois, finalmente encontrei uma maneira de entrar na casa deles para telefonar para Aiden. Sabiam que o ninja não respondeu a nenhuma das minhas ligações? Não sei se ele mudou de ideia, ou se a tia dele disse: "Ah, nem ferrando." Eu nunca mais falei com ele. Deus, eu estava com raiva. Senti como se tivesse sido humilhada pelo amor da minha vida. Eu queria morrer, mas não tinha ideia de como morrer. Por isso, decidi, relutantemente, voltar para casa. Porque eu não estava pronta para ser uma sem-teto, eu era fofa demais para isso.

Já estava voltando para minha casa quando o policial que morava no final da rua me encontrou andando na beira da estrada. Eu estava aterrorizada. Mas não da polícia. Lembro-me de dizer ao policial para me prender porque o espancamento que me esperava certamente me mataria. Os meus pais vieram ambos até a viatura para me apanhar. Mas nunca vou esquecer a cara da minha mãe. Nunca vou esquecer o quão triste ela parecia.

Eu podia dizer que ela estava lutando contra as lágrimas, porque nunca deixaria ninguém a ver chorar. Esperava que ela me arrancasse ou me sufocasse quando fechava os olhos. Mas quando ela me viu, caiu de joelhos e orou.

EU NÃO PRECISAVA FUGIR DO AMOR DELA.

Fomos para casa em silêncio. Na verdade, nossa casa ficou em silêncio por alguns dias. Finalmente, a minha mãe me chamou ao quarto dela, cerca de uma semana depois. Ela pediu desculpas. Eu fiquei tipo: uau, sério?! Eu estava tão confusa. Mas ela disse que nunca quis que eu sentisse que não podia ser eu. Mas eu era uma menina de doze anos, e o trabalho dela era me proteger. Disse que faria o seu melhor para me proteger enquanto vivesse. Garantiu que estaria lá para mim, não importava a hora ou o lugar, e que eu não precisava fugir do seu amor. Depois falamos de rapazes e tivemos "a conversa", o que me deixou enojada. Mas tudo o que sempre quis fazer foi me sentar e rir com o Aiden em pessoa. Não queria a parte da "conversa".

"Você não pode ser o seu melhor sozinho."
Jovian Zayne, treinadora de desenvolvimento profissional

...NINGUÉM ME AMARIA E ME PROTEGERIA COMO ELA.

Mas através de tudo isso, a minha mãe cumpriu a sua promessa. Eu sempre soube que ninguém me amaria e me protegeria como ela. Aquele momento em que fugi e nos reconectamos provou ser mais poderoso do que eu poderia imaginar. Ensinou-nos tanto o valor da transparência como o valor do respeito pelas pessoas, tanto como adultos como crianças. É claro, minha mãe e eu tivemos muitas brigas, e eu posso ter chorado durante a maior parte da minha adolescência, mas ainda entendi o que o amor dela significava para mim. Nunca precisei questioná-lo.

Esse também é o seu trabalho como mãe.

Eu sempre acreditei que ser mãe de uma filha é o presente mais doce e complexo que você pode receber. Você terá um alto nível de responsabilidade com todos os seus filhos, porque quer criá-los para o sucesso. Mas ser mãe de uma filha traz consigo uma tarefa enorme. O seu trabalho é ajudá-la a se tornar uma mulher. Ela vai crescer num mundo que diz às moças e às mulheres que elas não são suficientes, e isso vai ser um desafio para ambas.

Você vai querer que a sua filha seja dura o suficiente para conseguir aquela posição de CEO na melhor empresa do país, mas ainda assim seja macia e delicada o suficiente para que todos a amem quando ela chegar lá. Você vai querer que ela seja forte, mas ainda assim bondosa e gentil. Às vezes, você sentirá que não é suficientemente boa para ser mãe dela. Mas é. Foi por isso que Deus escolheu você como seu anjo pessoal, tanto na Terra como na vida além desta. Por isso, precisa se certificar de que ela tenha tudo o que precisa para enfrentar o mundo sem você.

COMECE DIZENDO À SUA FILHA QUE A AMA.

Comece dizendo à sua filha que a ama. Muitas vezes. Diga-lhe que o sorriso dela será suficiente para impressionar qualquer um. O seu valor não é determinado pelo seu corpo. E enquanto ela tiver esse desejo inato de se sentir querida e aceita, diga-lhe que tem permissão para se apaixonar por si mesma, apesar do que os outros pensem dela. As pessoas irão naturalmente amá-la quando ela se amar. Auxilie-a a ouvir a sua voz interior. Isso vai ajudá-la a sentir-se suficientemente confiante para tomar suas próprias decisões sem a influência de outros, incluindo você!

Afirme que ela é digna de um tipo de amor mágico, e que deve fugir de qualquer um que não acredite que isso seja um fato. Essas pessoas não devem ganhar um lugar na vida dela.

Diga à sua filha que é importante tratar as pessoas com bondade, porque nunca se sabe pelo que os outros podem ter passado. Além disso, as meninas más nunca ganham. A pressão dos colegas é uma merda, por isso você precisa dizer a ela que *bullying* é coisa de covardes, mas que você não está criando uma covarde. Também que não faz mal se defender, pelo que crê e pelos outros.

...A VIDA É MUITO PRECIOSA PARA SER DESPERDIÇADA...

Fale, pelo amor de Deus, que é só cabelo. Sério. Ela vai querer que seja mais grosso ou mais fino ou mais longo ou mais curto. Ela vai querer enrolá-lo ou alisá-lo ou cortá-lo ou pintá-lo. Deixe que ela faça tudo! Quando ela quiser. Lembre a ela que a vida é preciosa demais para perder tanto tempo na busca de um cabelo perfeito. Garanta que é muito legal ser inteligente e que ninguém poderá tirar isso dela. Haverá uma pequena janela na vida dela em que ela pensará que ser esperta é para idiotas e que nenhum homem se casará com ela. Lembre-se que ela não precisa esconder o cérebro de ninguém, especialmente para o "sr. Certo"!

...PROMETO QUE ELA ESTÁ TE OUVINDO.

Quando a sua filha estiver de coração partido, ela vai precisar mais de você. Nada ensina uma mulher mais sobre si mesma do que a sua primeira desilusão. Então dê todos os conselhos não solicitados que quiser. Mesmo que ela se sinta mal e tenha ataques de pânico infantil, prometo que ela está te ouvindo. Diga que as pessoas são humanas e que a desiludirão. Os seus valores não pertencem ao mundo, e o mundo ficará sempre aquém das expectativas dela.

Lembre sua filha de que não há problema em ter sentimentos. Dê-lhe permissão para possuir seus sentimentos e ignore o julgamento que pode seguir por fazê-lo. Lembre-a também que sentir a dor de cada uma de suas circunstâncias evitará o sofrimento.

Lembre sua filha de que as pessoas merecem segundas oportunidades; ninguém é perfeito, incluindo ela mesma.

A MORTE DA MINHA MÃE ME MUDOU.

"Acreditar que é suficiente significa lembrar que nada em você precisa mudar para ser amado."
Jess Weiner, autora de *Life Doesn't Begin Five Pounds from Now*

A morte da minha mãe me mudou. Me modificou de uma forma que quase não consigo explicar. É uma experiência tão agridoce. Mas eu sei que sou a mulher que sou hoje por causa do seu amor de então e por causa do amor que ainda estava lá depois de ela ter partido. Eu ainda tenho momentos, quase diariamente, em que não acredito que a minha mãe se foi. Mas agradeço a ela imensamente por me preparar para este momento. Levei algum tempo para entender as lições, porque me sentia sozinha e em frangalhos até o meu âmago. Eu nunca pensei que ficaria bem. E há dias em que não estou. Mas estou melhor do que a maioria, por causa de algumas das coisas que ela me ensinou antes de morrer.

Por isso, a todas as filhas e a todas as mães por aí, desafio vocês a se gostarem muito. Desafio vocês a apertarem cada vez mais uma a outra em cada abraço. Desafio você, filha, a viver todos os dias na fé do seu amor para que quando ele não estiver fisicamente lá, você nunca se sinta só.

A VERDADE SOBRE O AMOR

Nunca
deixe a sua filha
deixar sua casa
sem dizer o quanto a ama.

Seja transparente

e sempre diga à sua filha
a verdade.

Ensine a sua filha
que ela
precisa acreditar nas suas verdades,
mesmo você que não o faça.

7

Querida mamãe

“Mesmo a noite mais escura terminará e o sol nascerá.”
Victor Hugo, romancista e poeta francês

No início, tive muita vergonha de admitir o quanto estava deprimida. Tive receio em admitir que havia pensado em suicídio. Tive vergonha de assumir que eu... na verdade, me perguntei como a minha vida seria muito mais fácil se eu não acordasse todos os dias em lágrimas. Eu me perguntava o que a mamãe estaria fazendo sem mim. E embora nunca tenha tido uma ideação suicida (nunca realmente planejei minha morte), ainda me perguntei o que aconteceria se eu simplesmente não estivesse aqui. Se a vida simplesmente parasse.

Mas cada vez que minha mente se deslocava para aquele lado escuro, eu percebia que no âmago da minha alma eu era realmente uma inútil. Não tenho a coragem necessária para puxar o gatilho ou engolir comprimidos. Então, em vez disso, abri um dos meus muitos diários com páginas em branco e comecei a escrever cartas à minha mãe. Às vezes me entristece saber que ela nunca vai ler nenhuma delas. Mas algo, talvez seja fé ou esperança, me permite acreditar que minha mãe sabe exatamente como me sinto. E talvez as cartas não sejam para ela de qualquer maneira.

Sim. Essas cartas são para a minha própria sanidade. Para quando eu não consigo me mexer. Para aqueles dias em que eu e as três da manhã somos melhores amigas. Para quando as minhas crises de choro me paralisam. Escrevi a minha primeira carta à minha mãe na véspera de seu funeral.

Querida mamãe,

Quando eu tinha seis anos, você me ajudou a encontrar o meu próprio estilo. Você se certificou que o meu cabelo estava sempre bem amarrado com laços e fitas combinando. Todas as roupas que eu usava tinham que ter um tema. Às vezes, eu era uma marinheira. Às vezes, eu estava vestida como Jane Fonda com uma faixa vermelha, branca e azul brilhante na cabeça, uma jaqueta colorida e uma polaina fofa. Esse look era provavelmente um dos meus favoritos. Ah, você se lembra de que me vestia como uma boneca de porcelana com luvas de renda e meias brancas? Deus, eu odiava esse look. Mas você garantia que até as minhas roupas de brincar tinham babado e frufru.

Quando eu tinha treze anos, você me ensinou a não roubar. Nessa época, *eu adorava ser uma adolescente e queria desesperadamente ser uma mulher como você. Eu tinha encontrado o perfeito e ardente batom vermelho, o problema é que estava na sua bolsinha de maquiagem. Mas eu tomei coragem e fui lá pegar, porque é isso que adolescentes fazem. Eu passei no dia de tirar a foto da escola, lembra? Claro que você nunca me disse que o batom vermelho mancharia os lábios. Desnecessário dizer que fui pega e fiquei de castigo durante algumas semanas. Essa foi a última surra que levei, eu acho?! Mas eu só queria me parecer com você.*

Quando eu tinha dezoito anos, você me ensinou a ser mãe. Nós trocamos fraldas sujas juntas, e nos levantamos às quatro da manhã para aquecer as mamadeiras. Mas quando eu não estava prestando atenção uma manhã, o meu filho tirou a fralda e espalhou cocô por todo o berço. Nós rimos disso mais tarde, durante a vida. Mas naquela hora você me ensinou que ele era minha responsabilidade e que aquela era a minha confusão para limpar.

Quando eu tinha 25 anos, você me ensinou que eu era incrível. Cada ideia que tive foi fabulosa aos seus olhos. Primeiro, eu queria ser manicure, e você disse: "Vá em frente!" Então, eu queria ser quadrinista, e você disse: "Bem... você pode desenhar muito bem, talvez devesse tentar!" Então eu disse que queria ser uma modelo de passarela como Naomi Campbell e você disse: "Você pode ser qualquer coisa, tudo que tem que fazer é decidir, baby girl*!" Eu finalmente me tornei escritora. E quando encontrei os meus destaques no jornal no seu álbum de recortes, soube que estava orgulhosa de mim.*

Quando eu tinha 35 anos e pensava que não havia mais nada para aprender, você me ensinou a enfrentar os problemas com graça e elegância. Vi o câncer se apoderar do seu corpo e roubar as suas lindas tranças cinzas, mas mesmo assim... você sorriu em cada momento dessa viagem. Mesmo quando estava com dor, segurou a minha mão e disse que ficaria bem.

Na segunda-feira, depois de você ter me deixado, me ensinou que os anjos são reais. A Lua brilhava tanto naquela noite.

Eu não conseguia dormir, por isso fiquei horas olhando para ela. Quando minhas pálpebras pesaram, finalmente fechei os olhos e, para minha surpresa, você estava ali. Em sonhos, se sentou e conversamos durante algum tempo. Você sabia que eu precisava disso. Acho que sabia que eu precisava sentir você mais uma vez. Acordei em lágrimas porque parecia tão real. Entrei na sala de estar, só para encontrar uma cama vazia.

É verdade, o *seu corpo vai desaparecer para sempre, mas eu sei que estará sempre aqui comigo. Nos meus sonhos, através das vozes dos outros, e até mesmo na minha aparência. Quando as pessoas me perguntarem se estou bem, prometo pensar em tudo o que aprendi com você e dizer: "Eu vou ficar."*

Por favor, saiba que sinto a sua falta.

Para sempre a sua baby girl, *Ty*

Eu li essa carta no funeral dela. Depois coloquei essas palavras no meu blog para que o mundo as lesse. Foi a minha declaração à minha família, ao mundo e à minha mãe de que eu ficaria bem. Foi um anúncio de serviço público para mim. Tenho escrito cartas de amor à minha mãe desde então.

Já se passaram três anos desde que ela foi para o Céu. De alguma forma, encontrei o meu próprio ritmo reconfortante. É uma batida que acalma o meu desejo de acabar com tudo.

As pessoas estão sempre me dizendo: "Você é tão forte!" Deus sabe que isso está tão longe da verdade. Eu sou fraca. Diariamente. Eu sou vulnerável. Diariamente. E eu sei que foi isso que me fez passar por todas as minhas tragédias. Eu não me julgo por ter explodido em lágrimas no meio de uma reunião. Eu não me julgo por comer um pote inteiro de sorvete de nozes. Não me julgo por estar triste por perder um dos maiores amores da minha vida. Eu não me julgo por ser humana.

Permito-me fazer beicinho por uns minutos. Às vezes, eu choro durante horas. Em tempos como estes, ignoro os olhos brilhantes do mundo. Quem disse que eu tenho que ser forte? Por que temos todos que ser fortes?

Não temos!

Infelizmente, o luto não vem com uma data de expiração. A viagem através da dor é longa e pode parecer uma experiência interminável. Mas lembre-se que você está passando por algo natural, e não está sozinha. Todos sentimos isso. Entramos em luto por relações. Por empregos. Merda, às vezes fico em luto pela última colher do sorvete de nozes. Mas é sério, deixe o luto seguir o seu curso. A sua fé será testada. Você será fraca. Mas é isso que a torna forte, amada. Seja vulnerável consigo mesma, com os seus amigos e com a sua família, e poderá encontrar a batida que a impede de acabar com tudo.